河北省社会科学基金项目（HB14GL

U0671440

The Research on
Mode Selection of Enterprise Human
Resource Management System

企业人力资源管理系统模式选择研究

京津冀协同发展视角

Perspective from Beijing-Tianjin-Hebei Coordinated Development

王雅洁 ◎ 著

经济管理出版社
ECONOMY & MANAGEMENT PUBLISHING HOUSE

图书在版编目（CIP）数据

企业人力资源管理系统模式选择研究：京津冀协同发展视角/王雅洁著. —北京：经济管理出版社，2020.12

ISBN 978-7-5096-7310-2

Ⅰ.①企⋯　Ⅱ.①王⋯　Ⅲ.①企业管理—人力资源管理—管理模式—研究—华北地区　Ⅳ.①F279.272

中国版本图书馆 CIP 数据核字（2020）第 272602 号

组稿编辑：申桂萍

责任编辑：赵天宇

责任印制：任爱清

责任校对：陈　颖

出版发行：经济管理出版社

（北京市海淀区北蜂窝 8 号中雅大厦 A 座 11 层　100038）

网　　址：www. E-mp. com. cn

电　　话：（010）51915602

印　　刷：唐山昊达印刷有限公司

经　　销：新华书店

开　　本：720mm×1000mm/16

印　　张：14.5

字　　数：230 千字

版　　次：2020 年 12 月第 1 版　　2020 年 12 月第 1 次印刷

书　　号：ISBN 978-7-5096-7310-2

定　　价：68.00 元

前　言

京津冀协同发展正在向纵深拓展，需要不断注入新动能、增添新活力。人力资源管理系统是企业获得持续竞争优势源泉的结论已被国内外众多企业管理实践和理论研究所证明。在京津冀协同发展背景下，人力资源管理系统对企业绩效影响如何？如若有影响，企业在什么情况下采用偏承诺型人力资源管理系统、什么情况下采用偏控制型人力资源管理系统？针对这些问题的回答是京津冀企业采用人力资源管理系统及提升企业绩效的前提。

本书以京津冀协同发展为研究背景，以人力资源管理系统为研究对象，根据"宏观—微观—个体"的研究逻辑，逐层剖析差异化人力资源系统的特征、选择动因，为企业更加准确地认识自身拥有或控制的关键要素资源、提升人力资源管理能力、促进企业绩效改善等提供了实践指导和政策建议。

首先，对京津冀协同发展现状进行分析与评价，从产业协同、交通协同到生态协同均有所提升，但河北与京津仍存在一定差距。接下来，采用熵权法和VIKOR法对京津冀协同进行实证分析，从主体参与性、系统协同度、网络关联度、环境支持度及综合维度来看，京津冀协同发展仍不均衡，呈现出北京独占鳌头，津冀落后追赶的状态。

其次，对京津冀人力资源现状进行分析与评价，结果显示京津冀人力资源数量充足、质量上河北稍显落后。不均衡主要源于地区间的差距，重心也在向北京方向移动，出现明显的极化效应，三地间的空间关联性越来越强；综合测度结果显示京津综合优势明显，河北居于全国中位。

再次，采用调查问卷的方式，收集了244家企业的数据实证检验人力资源管理系统与企业绩效之间的关系，研究发现：人力资源管理系统构型可分为承诺型和控制型两类。人力资源管理系统对企业绩效有显著正向影响；所有制在战略人力资源管理与企业绩效间有调节作用；规模不影响战略人力资源管理与企业绩效的关系。

又次，采用定性研究方法得出影响企业选用人力资源管理系统的关键因素。通过对 4 家企业的案例研究，初步分析了影响企业人力资源管理系统的因素；接着，采用内容分析法对 87 家企业的人力资源管理相关资料进行研究和统计分析，归纳出影响因素，研究发现：①重视员工、组织目标、环境不确定性是影响企业采用人力资源管理系统的主要因素。②这三种影响因素在国有企业、民营企业、外资企业中没有显著差异；重视员工、组织目标在企业行业属性上亦不存在显著差异，而环境不确定性在不同行业企业中则有显著差异。

最后，实证检验重视员工、组织目标、环境不确定性对采用人力资源管理系统模式的影响。研究结果表明：①重视人力资源管理、重视员工发展均与采用人力资源管理系统存在正向关系；而且，企业越重视人力资源管理，越有可能采用承诺型人力资源管理系统。②企业越重视员工发展，越可能采用承诺型人力资源管理系统。③同样重视经济目标和人本目标的企业与采用人力资源管理系统正相关；经济目标和人本目标的重视程度在控制型人力资源管理系统中都低于承诺型人力资源管理系统。④环境复杂性与采用人力资源管理系统存在倒"U"形曲线关系，环境动态性与采用人力资源管理系统存在倒"U"形曲线关系；而且，当企业面对适中的环境复杂性时，环境复杂性越大，选择承诺型人力资源管理系统的可能性越大；环境动态性对企业选择何种人力资源管理系统构型没有影响。

总体来看，本研究的创新点和贡献体现在以下几个方面：①在分析京津冀协同发展与人力资源发展现状的基础上，从企业人力资源管理入手，分析人力资源管理系统的最佳实践组合，为企业匹配最为适宜的人力资源管理系统模式提供决策支持；②充分揭示企业特征在人力资源管理系统与企业绩效间的调节作用，为企业如何根据自身条件采用合适的人力资源管理系统模式提供重要理论参考；③提炼出影响企业采用人力资源管理系统的动因，并深入分析这些动因对人力资源系统模式选择的影响，深入解析企业采用人力资源管理系统模式的原因。

目　录

第一章　绪　论

第一节　研究背景及意义

一、研究背景

2014 年 2 月 26 日，习总书记亲自批示京津冀区域协同发展上升为国家战略，为京津冀协同发展指明方向。2015 年 4 月 30 日，召开会议拟定《京津冀协同发展规划纲要》，为京津冀协同发展做出规划，京津冀发展由此进入全面实施、加快推进的新阶段。2016 年 2 月，《"十三五"时期京津冀国民经济和社会发展规划》印发实施，这是全国第一个跨省市的区域"十三五"规划，是推动京津冀协同发展重大国家战略向纵深推进的重要指导性文件，明确了京津冀地区未来五年的发展目标。2017 年 4 月 1 日，中共中央、国务院决定设立河北雄安新区，其肩负着贯彻落实新发展理念和培育创新驱动发展新引擎的重任。京津冀协同发展正在向深度广度拓展，需不断注入新动能、增添新活力。

人力资源管理系统源于战略人力资源管理理论，即人力资源实践相互匹配形成一个协同的系统，系统对组织绩效的作用将大于单个实践的作用总和（Wright and Boswell，2002；Wright et al.，2001；Lepak et al.，2006）。因为单个的实践活动容易复制，整合性的人力资源管理系统才具有特质性、复杂性、难以模仿和路径依赖的特点（Delanney and Huselid，1996），对组织绩效产生积极作用（Delery，1998；Delery and Doty，1996）。人力资源管理系统是企业获得持续竞争优势源泉的结论不仅被欧洲、美国、日本企业的管理实践以及众多的理论研究所证明，而且中国企业的管理实践和理论研究也得出了同样的结论。Akhtar 等（2008）以 465 家中国企业为样本，发现培训、员工参与、以结果为导向的奖励、内部事业机会、社会保障、工作描述、利润分享等西方"最佳人力资源管理实践"对提升企业绩效有积极作用。人力资源系统对于企业获取竞争优势日益重要，已成为企业发展的核心要素和战略资源。对人力资源管理系统具体实践的选择受很多情景因素的影响，在不同国家（或地区）中表现出差异性（张正堂和李瑞，2015）。在中国情境下，混合型的人力资源管理系统逐渐成为共识，中国企业的人力资源管理系统既包含一些以承诺为导向的西方高绩效工作实践，也包含一些以控制为导向的本土人力资源实践（苏中兴，2010；苗仁涛等，2015）。罗海滨等（2015）也指出，本土化高绩效人力资源管理实践具有控制型和内部型双元特征，将其命名为内控导向人力资源管理实践。人力资源管理系统只是表明希望存在一组"最佳实践"，并没有说明具体的人力资源管理实践是如何执行的。

已有众多企业参与到京津冀协同发展建设中来，如何选择适合的人力资源管理系统，从而提升企业绩效更好地服务京津冀协同发展至关重要。至于企业在人力资源管理系统选择上受哪些因素影响，目前还处于初步探索阶段。但是，影响企业人力资源管理实践选择的理论和实证研究为我们提供了很好的借鉴。在西方发达国家情境中，像企业的所有制、年龄和规模（Fisher and Shaw，1990）、增长率（Jackson and Schuler，1995）、技术和行业（Sneil and Dean，1992；Zerbe et al.，1998；Warner，1999）、竞争战略（Delery and Doty，1996；Youndt et at.，1996）等都有影响。在中国企业中，影响人力资源管理实践选择因素的研究主要局限在企业特征上，像企业所有制（Ding et al.，2001；Ding and Akhtar，2001；Zhu and Warner，2004）、规模（Ding et al.，2001；Ding and Akhtar，2001；Zhu and Warner，2004；Chen，2004）、年龄（Ding and Akhtar，2001；Zhu and Warner，2004）等。

根据 Bowen 和 Ostroff（2004）的观点，人力资源管理系统有内容和过程两个特征："内容"是指人力资源管理系统由哪些实践构成，不同实践簇的效果可能是相同的；"过程"是指人力资源管理系统是如何被设计和执行的。以往的研究往往是从内容视角进行研究，对于人力资源管理实践的具体执行路径解释力稍显不足。在京津冀协同发展背景下，人力资源管理系统对企业绩效影响如何？如若有影响，企业在什么情况下采用偏承诺型人力资源管理系统、什么情况下采用偏控制型人力资源管理系统？针对这些问题的回答是京津冀企业采用人力资源管理系统及提升企业绩效的前提。

二、研究意义

本书以京津冀协同发展为研究背景，以人力资源管理系统为研究对象，根据"宏观—微观—个体"的研究逻辑，逐层剖析差异化人力资源系统的特征、选择动因，具有一定的理论前沿探索性和现实问题针对性。

1. 理论意义

人力资源管理是企业管理的一项重要内容，是企业提升竞争力的关键要素之一，也是企业管理研究领域中的热点问题。京津冀协同发展战略实施以来给三地企业带来新的发展机遇和挑战，对企业人力资源管理也必然产生深远的影响，高效的人力资源系统应具备哪些特征？主要关注哪些维度？又该如何选择最为适宜的人力资源管理系统？这些问题需要从理论上得到解答，能够更全面地解释中国情景下人力资源管理系统对企业绩效的作用。

2. 实践意义

外部环境的变化对企业人力资源管理产生了直接的影响。从人事管理向人力资源管理转变，先后推行了如奖勤罚懒、三项制度改革、实行全员劳动合同制度、建立社会保障体制、实施"下岗分流"再就业工程等重大措施。进入 21 世纪以来，人力资源管理在企业中的地位逐步提高，将人力资源管理提升到企业战略高度，通过企业人力资源的开发、利用与管理形成特有的竞争能力。然而，由于传统人力资源管理运作层面占的比重较大，其专注实践、实务的特点使其自身地位不高，对提升企业绩效的贡献也并不显著，真正成为企业的战略伙伴还面临很多挑战。有的企业仍在采用传统的人力资源管理，甚至一些企业还停留在人事管理上，而有的企业已形成完善的人力资源管理系统。因此，开展本书的研究，不仅有助于京津冀企业采取更为合适的人力资源管理系统，而且有助于企业更加准确地认识自身拥有或控制的关键要素资源，为提升人力资源管理能力，促进企业绩效改善等提供实践指导和政策建议。

第二节　研究问题

本书的主要研究问题是：京津冀协同发展背景下人力资源现状如何？人力资源管理系统是否是企业绩效提升的关键因素？如若是，如何选用适宜的人力资源管理系统？通过借鉴资源基础论、人力资本理论、权变理论、制度理论等主流管理理论对这些问题逐一进行回答，为企业利用关键资源提升人力资源管理能力进而提高企业绩效提供借鉴和启发。

具体而言，本书将逐层深入地探讨以下四个主要问题：

1. 分析京津冀协同发展与人力资源现状

这部分内容重在了解京津冀协同与人力资源发展的历程和前沿动态，形成分析框架，是树立本书理论和观点假设的前提。在京津冀协同发展现状中，主要从产业、交通和生态三个方面进行，随后进行综合性的定量分析；在京津冀人力资源发展现状中，主要对人力资源特征、关联性和发展趋势进行分析，并进行定量比较分析。预期所得结论为研究从宏观到微观、从人力资源到人力资源管理系统搭建桥梁。

2. 分析京津冀协同发展对企业人力资源管理实践的影响

这部分内容着重分析在持续进行的京津冀协同发展战略实施中，外部环境以及企业自身的特征对人力资源管理实践的影响。在梳理、归纳国内外研究进展的基础上，首先全面回顾转型经济下中国企业人力资源管理实践的演化进程；进而辨析不同所有制企业人力资源管理实践的特征；其次又进一步分析中国企业人力资源管理实践选择的影响因素。预期所得结果可以比较全面、客观地揭示转型经济对京津冀企业人力资源管理实践的影响。

3. 研究人力资源管理系统与企业绩效关系的影响

这部分内容主要分析人力资源管理系统与企业绩效二者之间的关系，以回答京津冀企业是否应采用人力资源管理系统。基于文献研究的基础，详细分析人力资源管理系统与企业绩效的整体关系，提出一系列相关假设。此外，还将进一步考察企业特征在人力资源管理系统与企业绩效关系中的作用机制。

基于文献研究的基础，提出企业所有制、规模、年龄等自身特性条件下，人力资源管理系统与企业绩效关系的假设。然后，应用样本数据对各种假设关系进行差异性检验、层级回归统计分析，以检验样本数据对相关假设的支持情况。

4. 探索企业人力资源管理系统的选择动因

这部分内容聚焦于企业人力资源管理系统选择动因，由于以前对这一问题的探讨很少，本书先从定性的角度进行探索性研究得出具体动因，然后再用实证方法加以验证。此部分研究包括三方面内容：第一，先通过规范分析方法对现有影响企业人力资源管理实践采用的理论文献进行综述，归纳出初步的影响因素，然后运用案例研究方法进一步明确影响中国企业人力资源管理实践选择的关键要素，为下一步研究做准备。第二，运用内容分析法得出中国企业人力资源管理系统选择动因。首先，确定采用人力资源管理较好的企业，其次，采用内容分析法对这些企业的人才战略、人才发展、职业发展等进行研究和统计分析，归纳出影响因素，构建人力资源管理系统选择动因理论模型，并运用统计学方法初步验证这些因素在企业所有制和行业上的差异性，为下一步实证检验选择动因对人力资源管理系统选择的影响做准备。第三，结合理论分析、案例研究和内容分析的结果，确定选择动因与人力资源管理系统选择的假设关系，应用样本数据对各种假设关系进行实证统计分析，以检验假设关系是否成立。预期所得结论为企业如何利用关键资源提升企业人力资源管理能力提供理论依据。

第三节　研究方法与研究思路

一、研究方法

根据前述概念模型基础上的研究问题，本书将主要采用逻辑规范分析、管理统计的实证分析和企业案例相结合的方法，力求规范分析和实证分析相结合、定性研究和定量研究相结合，遵循"文献阅读与理论推演—定性研究—形成假设—问卷调查—实证分析—得出结论"的研究思路，逐步破解本书所研究的问题，具体研究方法如下：

1. 文献研究

对已有研究问题进行梳理总结是确定本书研究问题的基础和起点。为了尽可能全面地掌握相关领域最新研究进展，首先就中国情境下的人力资源管理实践、人力资源管理系统、人力资源管理影响因素等领域的文献进行大量的收集整理和归纳分析，从中厘清了拟要研究问题的脉络，分析了需进一步研究的问题，确定了本书聚焦的核心问题。综合运用人力资源管理、资源基础论、制度理论、人力资本理论、权变理论等相关理论，构建本书的基本研究框架，提出了一系列与研究问题相关的命题和假设。

2. 定性研究

通过文献研究发现，探讨企业人力资源管理系统选择动因的研究并不多，为了对该问题有全面、清楚的了解，需要从定性研究的角度得出具体的影响因素有哪些。先选择4家企业进行案例研究，主要是对4家企业的总经理或人力资源经理进行了深度访谈以及相关文本资料的查阅，初步了解影响企业人力资源管理实践采用的因素有哪些，对通过文献总结得出的影响因素进行了补充和验证。然后，进一步分析87家人力资源管理较好的企业人力资源管理说明、理念、原则等，运用内容分析法得出企业人力资源管理系统的选择动因。将现象提升到理论高度，揭示现象后内隐的规律性，为后面进行的实证分析提供了重要的实践支持。定性分析路径如图 1.1 所示。

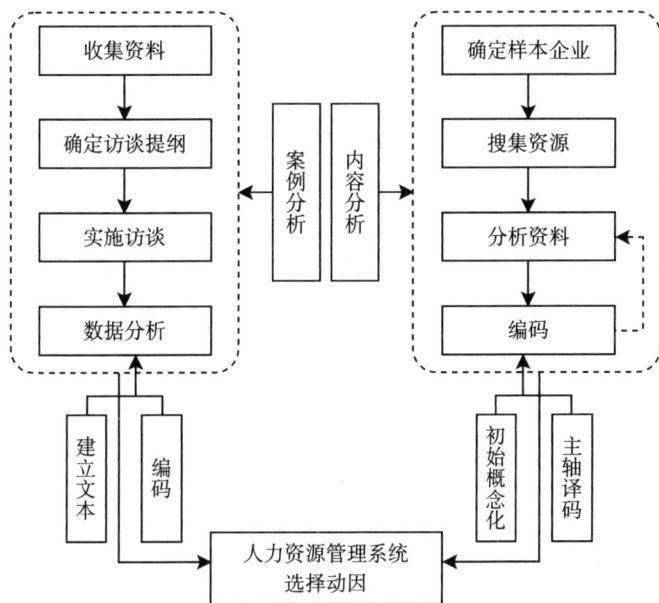

图 1.1 定性分析路径

3. 实证分析

在文献研究、定性研究的基础上，界定相关变量的特点和维度，形成研究假设后，本书以问卷调查的形式获取研究所需要的足够样本数据，并利用描述性统计分析、因子分析、相关分析、层级回归分析、差异性检验、聚类分析等统计学方法，运用 SPSS17.0 和 LISREL8.7 软件对概念模型和研究假设进行分析，验证理论假设是否成立。实证分析路径如图 1.2 所示。

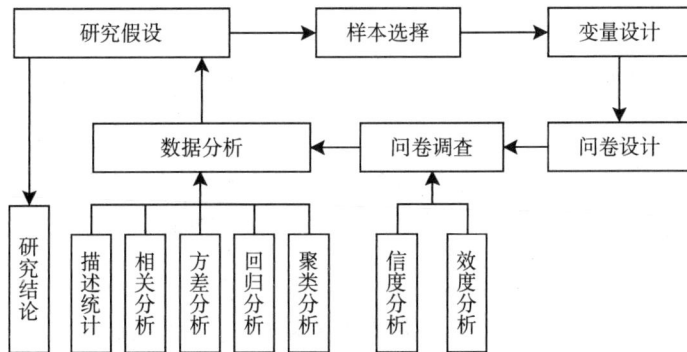

图 1.2 实证分析路径

二、研究思路

根据本书的研究问题和研究方法，遵循定性分析和定量分析相结合的原则，按照以下研究思路展开研究。针对京津冀协同发展对企业人力资源管理转变形成了一定影响，人力资源管理在企业中的作用越来越重要，采用适宜的人力资源管理系统越来越迫切，结合对前人研究结果的归纳分析，提出了本书的研究问题。在分析京津冀协同发展和人力资源现状的基础上，首先明确人力资源管理系统是否有利于京津冀企业绩效的提升。基于此，根据研究问题和文献研究，初步明确了人力资源管理系统的选择动因，进而根据访谈研究和内容分析的结果确定人力资源管理系统的选择动因，并对内容分析资料得出的定性数据进行了卡方检验。其次在此基础之上，对已有理论进行进一步分析，得出选择动因对人力资源管理系统影响的理论模型。根据理论模型中涉的变量，进行问卷设计和问卷调查。再次对所获得的样本数据进行探索性因子分析、验证性因子分析、差异性检验、相关分析、多元回归分析，逐步验证提出的理论假设。最后结合已有研究进行理论分析，提出假设，再通过统计分析进行验证和讨论。至此，本书明确了人力资源管理系统的选择动因，以及深化了人力资源管理系统对企业绩效积极作用的解释能力。

第四节　研究框架和章节安排

按照上述研究问题和技术路线，本书共分为八章展开论述，具体内容安排如下：

第一章为绪论。旨在为本书研究的展开奠定基础，本章主要阐述了论文的研究背景及意义、研究问题、研究方法与研究思路、研究框架和章节安排、主要创新点。

第二章为文献回顾与述评。主要通过对国内外研究文献的梳理，把握现有研究，找出现有研究的局限，明确本书研究的切入点，为本书研究奠定理论基础。首先，阐述了人力资源管理理论发展脉络、人力资源管理系统的定义、分类、内部匹配等。其次，总结了中国企业人力资源管理实践演变、中国不同所有制企业的人力资源实践特征。再次，分析了人力资源管理实践以及人力资源管理系统的影响因素。最后，总结了人力资源管理系统与企业绩效的关系。

第三章为京津冀协同发展现状与评价。京津冀协同发展提出从产业、交通和生态方面率先进行突破，因此，主要从产业协同、交通协同、生态协同三方面分析京津冀协同发展现状；随后，从主体参与性、系统协同度、网络关联度、环境支持度四个方面构建京津冀区域协同发展评价指标体系，采用熵权法对京津冀协同发展进行测度，运用 VIKOR 方法对京津冀协同发展进行排序。

第四章为京津冀人力资源发展现状与评价。首先，从京津冀人力资源数量、人力资源质量两方面分析京津冀人力资源现状特征；其次，分析京津冀人力资源空间分布趋势，主要分析了空间结构趋势和重心趋势；再次，分析京津冀人力资源空间关联性；最后，构建人力资源现状评价指标体系，采用因子分析法测度京津冀人力资源现状水平。

第五章为人力资源管理系统选择模式的理论构建。本章基于第二章的理论基础，首先，通过对 4 家企业的案例研究，初步得出影响我国企业人力资源管理实践的因素。其次，采用内容分析法对人力资源管理较好企业的人才战略、人才发展、职业发展等进行分析，得出企业人力资源管理系统选择动因，确定人力资源管理系统选择动因的理论模型，并对内容分析的定性数据进行卡方检验。最后，基于理论和质性分析基础，分析人力资源管理系统与企业绩效、选择动因对人力资源管理系统影响的理论支撑和研究构思，从中提出研究的理论假设。

第六章为企业人力资源管理系统选择模式的研究设计。本章就问卷设计、变量测量、问卷预测试、大样本数据收集、数据整理和实证方法等做了说明。首先，根据研究目的和理论模型构建，在已有量表的基础上，根据企业人力资源管理系统的特点，结合访谈分析的结果，确定了本书的初始问卷。并且，研究了自变量、因变量、调节变量、控制变量的测量方法与依据。其次，根据人力资源管理专家和企业总经理或人力资源经理的意见对问卷进行修订，确定本研究的最终调研问卷。再次，发放大量问卷，将回收的问卷随机分为两部分，用来估计数据质量。第一部分用 SPSS17.0 对各个变量做项目分析和探索性因子分析，第二部分用 LISREL8.7 对各个变量做验证性因子分析，将两部分数据汇总检验信度。最后，简要介绍了本书将采用的实证研究方法。

第七章为企业人力资源管理模式选择的实证分析。本章通过对问卷调查获取数据运用相关分析、差异性检验、层级回归分析等统计方法，对第五章提出的理论假设进行检验，并对研究结果做深入分析和讨论。

第八章为结论与展望。本章总结本书得出的重要结论，阐释本书的理论意义和实践贡献，以及分析本研究的局限性和未来值得深入研究的方向。

第五节　主要创新点

本书以在中国境内的国有企业、民营企业、外资企业为研究对象，深入分析在京津冀协同发展背景下人力资源管理系统选择动因。为透彻理解这一问题，本书对人力资源管理在中国的发展、京津冀人力资源现状、人力资源管理系统采用的动因等几个问题进行了深入的研究，本书的创新点主要体现在以下三个方面：

（1）探讨京津冀协同发展下的人力资源管理问题，保障服务京津冀的智力支持。

京津冀发展已进入协同创新发展新阶段，知识经济的发展态势也越来越明显，科学与技术在经济不断发展的过程当中发挥着越来越重要的作用。在这当中，人力资源作为科学技术的承载者同时也是提高生产效率的开拓者，目前已经被大部分的地区当作提高区域经济发展核心竞争力、促进经济高质量发展的关键因素看待。新经济增长理论认为，人力资本是除资本和自然资源以外，第三种对区域经济增长和发展起重要推动作用的要素。因此，本书在分析京津冀协同发展与人力资源发展现状的基础上，从企业人力资源管理入手，分析人力资源管理系统的最佳实践组合，为企业匹配最为适宜的人力资源管理系统模式提供决策支持，以期推进京津冀人力资源管理水平的全面提升。

（2）充分揭示了企业特征在人力资源管理系统与企业绩效间的调节作用，为企业如何根据自身条件采用适宜的人力资源管理系统模式提供重要理论参考。

企业特征反映了企业自身的资源禀赋，对企业采取何种人力资源管理实践有重要影响。因此，在不同特征企业中人力资源管理系统对企业绩效的影响有所不同。然而，现有研究只是关注了企业特征对人力资源管理实践的影响，没有进一步讨论在人力资源管理实践系统与企业绩效中的作用，或仅将其作为人力资源管理系统与企业绩效间的控制变量。本书将这些研究作为理论基础，着重探讨企业所有制、规模，这些显著影响我国企业人力资源管理实践的变量对人力资源管理系统提升企业绩效的影响，旨在强调企业特征在其中的作用机制，丰富和发展了人力资源管理系统研究的权变视角，也为企业根据自身属性有效地选择人力资源管理系统提供决策依据。

（3）提炼出影响企业采用人力资源管理系统的动因，并深入分析这些动因对人力资源系统模式选择的影响。

现有对于人力资源管理系统选择的理论研究，起步较晚而且文献不多，主要局限于论述人力资源管理实践在转型前后的变化、特点等浅层面，主要研究了所有制、规模、地区等企业自身特征对人力资源管理实践的影响。并且，这些研究多是直接采用实证分析，没有先从质性的角度归纳出企业选用人力资源管理系统的特点和独特表现，其量性研究的准确性也只能停留在模型之中，解释未必与现实相符。我国的人力资源管理与其他国家相比有很大不同，先从质性角度归纳人力资源管理系统选择的决定因素还是很有必要的。本书根据对 4 家企业的案例分析，以及 87 家人力资源管理水平较高企业的人才战略、人才发展、职业发展等的内容分析，得出人力资源管理系统选择动因，在此基础上进行了实证分析，既拓展了人力资源管理系统研究的前因变量，又为理解我国企业采用人力资源管理系统的深层次原因提供理论解释。

第二章　文献回顾与述评

我国人力资源管理无论在理论层面上，还是在管理实践层面上，都还存在着诸多值得进一步思考和探讨的课题（赵曙明，2009）。京津冀协同发展背景下的人力资源管理系统选择，形式上看是回答一个比较具体的企业人力资源管理实践问题：在京津冀协同发展背景下，企业能否利用人力资源管理系统创造竞争优势？如若能，采用哪种类型的人力资源管理系统更为合适？但深入考察这一问题的本质，其实是要回答这样一个科学问题，即在特定的情景中，人力资源管理系统对企业绩效影响如何？有哪些因素影响企业选择人力资源管理系统？

为更好地回答这一科学问题，本章将对涉及的主要理论和已有研究成果进行回顾、梳理和评价，厘清本书与现有研究的理论继承，找出本书研究的切入点，建立本书研究的理论框架。主要包括以下几个相关的理论问题：人力资源管理理论发展脉络、人力资源管理系统的相关研究、中国企业人力资源管理实践演变及特征、人力资源管理系统选择的影响因素、人力资源管理系统与企业绩效关系。

第一节　人力资源管理理论发展脉络

颜士梅（2003）从理念、与战略的关系、职能、绩效上辨析了人事管理、人力资源管理及战略人力资源管理的差异，具体如表2.1所示。她认为，从人事管理到人力资源管理再到战略人力资源管理的转变，与其说是研究领域的变化，倒不如说是组织中关于"人"的管理理念、观点及范式的转变。其转变趋势体现了组织越来越注重"人"对组织的贡献，越来越将人力资源视为组织实现其战略目标的重要因素，也越来越强调人力资源管理与战略的匹配性。

表 2.1　人事管理、人力资源管理、战略人力资源管理间的区别

维度	人事管理	人力资源管理	战略人力资源管理
理念	"人"是一种工具性资源，服务于其他资源	人力资源是组织的一种重要资源	人力资源是组织最重要的资源，是一种战略资产
与战略的关系	很少涉及组织战略决策；与战略规划的联系是一种行政联系或单向执行联系，即扮演执行者单一角色	是组织战略决策的重要辅助者、信息提供者；与战略规划的联系是一种双向联系，即扮演辅助者和战略执行者双重角色	是组织战略决策的关键参与者、制定者；与战略规划的联系是一体化联系，即扮演决策制定者、变革推动者和战略执行者多重角色
职能	参谋职能；行政事务性工作；被动的工作方式	直线职能；辅助决策；战略执行；行政事务性工作；灵活的工作方式	直线职能；决策制定；战略执行；几乎没有行政事务性工作；主动的工作方式
绩效	部门绩效导向；短期绩效导向	部门绩效与组织绩效兼顾导向；较长期绩效导向	部门绩效与组织绩效一体化导向；长期绩效导向；竞争优势导向

资料来源：颜士梅. 战略人力资源管理. 北京：经济管理出版社，2003.

根据 Delery 和 Shaw（2001）的研究，战略人力资源管理至少有两个特征与传统人力资源管理有所区别。第一，战略人力资源管理关注人力资源在提升组织效能上的战略角色。第二，关注的层面不同，传统人力资源管理关注个人层面，而战略人力资源管理关注公司层面或者组织层面。

从战略人力资源管理的定义及其与人事管理、人力资源管理的差异性来看，战略人力资源管理具有以下几个特征：

（1）价值性，人力资源是组织中最重要的资源，对组织获取竞争优势具有无可比拟的优越性。

（2）战略性，人力资源不仅是组织战略的制定者，更是组织战略的执行者。人力资源部门不是简单地执行事务性的工作，而是制定公司战略的重要参与部门。

（3）匹配性，战略人力资源管理强调内部匹配和外部匹配。内部匹配指各项人力资源管理实践之间是相互捆绑和匹配的，组成的人力资源管理系统

具有协同效应。外部匹配指人力资源管理实践须与公司战略相匹配，将对组织绩效的积极影响更大。

（4）关注组织层面，战略人力资源管理以工作单位、业务单位、组织为分析层面。它更加关注人力资源管理实践如何提升组织绩效，而不仅是如何提升员工满意度或员工承诺。

第二节　人力资源管理系统的相关研究

人力资源管理系统是完全不同却有联系的活动、功能和过程的组合，能够吸引、发展和保持（或配置）组织的人力资源，是一个公司特定知识、技能、能力、关系和员工工作价值的知识储藏（Lado and Wilson，1994）。在战略人力资源管理研究中，学者们通常认为提高企业绩效的是人力资源管理系统而不是单个的人力资源管理实践（Wright and Boswell，2002）。从系统的观点来看，元素间不是简单的线性关系，元素间组合的效果大于单个元素效果总和。这是因为人力资源管理系统是内部契合的，而且系统内人力资源管理实践相互匹配产生的正面协同效果大于单个人力资源管理实践效果总和（Delery and Doty，1996；Lepak et al.，2006）。

人力资源管理系统包括多个层级结果，由多种元素组成（Colbert，2004；Delery，1998；Kepes and Delery，2006；Lepak and Snell，1999；Ostroff and Bowen，2000；Schuler，1992）。战略人力资源管理研究集中在确定和衡量人力资源政策和实践，这些构成了公司人力资源系统的基础，并论证人力资源系统与组织绩效的关系（Becker and Gerhart，1996；Datta et al.，2005；Delery and Doty，1996；Wright et al.，2005）。Lepak 等（2006）辨析了人力资源实践、人力资源政策、人力资源系统的区别。最低级别的是人力资源实践（Practices），它反映了实现具体目标的特定活动（例如，行为面试、小时工作制、360 度绩效评价），组织选择需要的实践管理员工；较高层次的是人力资源政策（Policies），它影响人力资源实践的选择（例如，人力资源政策是与绩效挂钩的薪酬），可以通过执行不同的实践实现（例如，利润分享、委员会）；更高层次的是人力资源管理系统，它反映了多个内部一致、相互加强的人力资源政策，实现总体的效果。

有效的人力资源管理系统能够发挥人力资源管理实践的互补性与协同效果，并能支持组织战略的执行，同时也能吸引与开发有潜力的员工，使其在价值链上取得好的绩效。因此，组织若能构建有效的人力资源管理系统，必能对组织绩效产生显著影响。然而，人力资源管理系统是由多种元素组成的复合体，它具体可分为几类？各个元素又是如何实现内部匹配的？这是本书着重要回答的问题。

一、人力资源管理系统构型研究

事实上，即使企业都认识到人力资源管理系统对组织绩效有影响，由于组织对人力资源投入及创造产出方面的异质性，因而导致组织的人力资源管理系统构型（Configuration）会有所不同。

1. 主要观点

学者们对人力资源管理系统多按照类型学和分类学进行分类（张正堂等，2008）。类型学分类指以理论为基础，经由观察与理论推理进行的以观点或理论解释为标准的分类；分类学分类是指运用实证推导分类方法，利用数值进行分类，以系统性的分群与检验技术来了解数据中个体所形成的集群（张小兵，2009）。各个学者提出了不同的人力资源管理系统分类，表 2.2 总结了其中比较有代表性的观点。

表 2.2　人力资源管理系统分类

作者	HRM 系统类型	主要特点	研究方法
Arthur (1992, 1994)	承诺型	较高的员工参与水平，团队培训，共同解决问题，社交活动丰富，员工流动率低，平均工资高	分类学
	控制型	将员工视为企业的成本，以结果为导向的奖励制度，要求员工严格遵守企业的规章制度，员工参与程度低	

作者	HRM 系统类型	主要特点	研究方法
Delery 和 Doty（1996）	市场导向型	从组织外部雇用工人，基本不提供培训，以结果为导向的绩效评估，按照个人绩效提供薪酬或者奖金，没有就业保障和员工参与，宽泛的工作描述	分类学和类型学的结合
	内部发展型	以企业内部劳动力市场为主，为员工提供广泛培训，以行为导向的绩效评估，就业保障程度高，鼓励员工参与决策制定，严格的工作描述	
Youndt 等（1996）	控制型	招聘技术水平低的工人，培训只是限于传达公司政策和规定或者纠正技术上的缺陷等一般的培训项目，以结果为导向的绩效评估，按小时支付工资，奖励个人	类型学
	人力资本提升型	挑选和培训高素质的员工，广泛的培训，以发展和行为为导向的绩效评估，依据团队进行奖励，员工参与程度高，薪酬与绩效评估的结果挂钩	
Lepak 和 Snell（1999）	承诺型	广泛的员工培训，向员工投资，给员工授权、鼓励员工参与决策，弹性工作制，就业保障程度高，以发展和反馈为导向的绩效评估，以知识为基础的薪酬计划以及股票期权和其他形式的长期奖励	类型学
	生产型	直接雇用组织需要的员工，工资水平以市场为准，关注短期生产率目标	
	控制型	确保员工遵守企业的规章制度	
	合作型	鼓励信息共享和建立信任的合作关系，建立沟通和工作轮换机制，采用基于团队的绩效评估和薪酬体系	
MacDuffie 等（1995）	高参与人力资源系统	将员工的利益与组织联系在一起，更关注于直接影响员工绩效的人力资源实践	类型学
Huselid（1995）	高绩效工作系统	将员工利益与组织联系在一起，几乎包括所有的最佳实践	分类学

资料来源：根据相关文献整理。

Arthur（1992，1994）运用 1988~1989 年对美国 30 家小型钢铁厂企业的调查数据，采用聚类分析的方法将这些企业的人力资源管理系统分为承诺型和控制型。承诺型人力资源系统的特征是较高的员工参与水平，正式的参与计划，团队培训，共同解决问题，社交活动丰富，员工流动率低，平均工资高。控制型和承诺型人力资源系统代表两种截然不同的员工行为和态度：控制型人力资源管理系统是通过要求员工严格遵守企业的规章制度，并依据可以测量的产出来奖励员工，以达到降低成本和提高效率的目的；承诺型人力资源管理系统是通过强化员工与企业之间的情感联系来达到员工的自主行为与企业目标高度一致的目的（Arthur，1994）。

Delery 和 Doty（1996）根据以前学者的研究，将人力资源管理系统分为市场导向型和内部发展型两类。市场导向型人力资源管理系统的特点是从组织外部雇用工人，基本不提供培训，以结果为导向的绩效评估，按照个人绩效提供薪酬或者奖金，没有就业保障和员工参与，宽泛的工作描述。内部发展型人力资源管理系统的特点是以企业内部劳动力市场为主，为员工提供广泛培训，以行为为导向的绩效评估，评估以发展为目的而不是以评价为目的，就业保障程度高，鼓励员工参与决策制定，严格的工作描述。

Youndt 等（1996）依据人力资源系统与战略相匹配组织绩效更高的观点，根据战略的不同将人力资源管理系统分为控制型和人力资本提升型。控制型人力资源管理系统的特征为招聘技术水平低的工人，培训不是为了提高绩效，只是限于传达公司政策和规定或者纠正技术上的缺陷等一般的培训项目，以结果为导向的绩效评估，按小时支付工资，奖励个人。人力资本提升型管理系统的特征是在挑选员工和培训时强调吸引和开发技术精湛并具有解决问题、交际能力的员工，广泛的培训，培训是为了提高员工技术和解决问题的能力，以发展和行为为导向的绩效评估，依据团队进行奖励，员工参与程度高，集体解决问题，薪酬与绩效评估的结果挂钩。控制型人力资源系统的目的在于降低成本，关注标准化的过程，减少错误，使生产效率最大化。人力资本提升型重视技术的发展和新技术的开发，提升组织的人力资本。

Lepak 和 Snell（1999）根据不同就业模式的人力资本特征，提出四种人力资源管理系统：承诺型人力资源系统、生产型人力资源系统、控制型人力资源系统和合作型人力资源系统。承诺型人力资源系统的特点是员工培训广泛，倾向于员工投资，向员工授权、鼓励员工参与决策，弹性工作制，就业保障程度高，以发展和反馈为导向的绩效评估，以知识为基础的薪酬计划以及股票期权和其他形式的长期奖励。生产型人力资源管理系统的特征是直接雇用组织需要的员工，工资水平以市场为准，关注短期生产率目标。控制型人力资源管理系统的特征是致力于确保员工遵守企业的规章制度，培训和绩效评估往往以公司的政策、制度、规程和产出为基础。合作型人力资源管理系统鼓励信息共享和建立信任的合作关系，建立沟通和工作轮换机制，采用基于团队的绩效评估和薪酬体系。

高参与人力资源系统与承诺型人力资源管理系统类似，承诺型人力资源系统将员工的利益与组织联系在一起，高参与型人力资源系统更关注于直接影响员工绩效的人力资源实践，通过增加信息流和决策权力委托向员工授权，产生更高的生产率。例如，MacDuffie（1995）研究了工作团队、员工参与团队、建议制度、工作轮换与分权等可能影响员工技能多样化程度的人力资源管理活动。Osterman（1994）研究了弹性工作系统，关注于自我导向的工作团队、工作轮换、问题解决群体、全面质量管理。

高绩效工作系统是战略人力资源管理领域的一个主要概念。Huselid（1995）提出高绩效工作系统是公司内部高度一致的，确保人力资源管理服务于企业战略目标的一系列政策和活动。Zacharatos 等（2005）指出高绩效工作系统强调尊重员工、投资员工发展、增强员工信任和承诺，并最终实现组织目标。该系统几乎包括所有最佳人力资源实践：挑选、个人和团队奖励、奖金、密集的培训、绩效评估、团队、员工参与、工作—生活平衡、信息分享。

综合以上几种观点，可以发现承诺型、内部发展型、人力资本提升型、合作型、高参与人力资源系统、高绩效工作系统的共同特点为实施内部化的长期雇用、强调提升组织的人力资本，将员工利益与组织利益联系在一起，激励员工主动工作，有利于增强员工对组合的承诺和忠诚感，因此将这类人力资源系统统称为承诺型人力资源系统；控制型、市场导向型、生产型的共同特点为通过外部劳动力市场满足组织的发展需要，以短期的管理观点进行人力资源管理，员工和企业纯粹是直接和简单的利益交换关系，要求员工遵守企业的规章制度，以实现降低成本和提高生产率的目标，将其统称为控制型人力资源系统。

控制型人力资源系统关注狭窄的、已经定义好的工作，高度集中的决策制定，较低的技术需求，较少的培训，较少的互动。控制型人力资源系统的战略目标是通过规则、制度来控制规范员工的行为，提高员工效率或者生产率（Wood and De Menezes，1998）。相对于控制型人力资源系统注重服从，依赖于规则、制度和统治降低成本和提高效率，承诺型人力资源系统鼓励员工与组织目标相一致，并自愿地努力实现组织目标（Arthur，1994；Whitener，

2001；Wood and De Menezes，1998）。承诺型人力资源系统包括广泛的培训和发展、社会化、内部晋升、高水平的薪酬等实践。

2. 主要内容

在高新技术公司、经济发达的国家采取质量差异化战略的企业中一般采取承诺型人力资源管理系统；在制造业企业、经济不发达地区采取成本领先战略的企业一般采取控制型人力资源管理系统。这两种人力资源管理系统构型的特点截然不同，采取完全不同的人力资源管理实践活动，具体如表2.3所示。

表2.3　人力资源管理系统构型

HRM实践	承诺型人力资源管理系统	控制型人力资源管理系统
招聘与挑选	关注企业的内部劳动力，招聘有潜力的员工	从组织外部招聘，直接雇用技能符合组织需求的员工
工作描述	宽泛的	严格的
培训	投资多、范围广	不进行培训或简单的培训
薪酬	以知识和技能为基础的薪酬，薪酬水平高	计时工资，按照市场标准制定薪酬
激励性薪酬	依据团队绩效，多样化的激励薪酬	依据个人绩效
晋升	工作轮换制、内部晋升为主	依赖于外部招聘
绩效评估	以行为和发展为导向的绩效评估	以结果为导向的绩效评估
员工参与	参与公司决策制定	员工参与程度低
工作保障	保障程度高	保障程度低

（1）招聘与挑选。这是组织获取人力资源的第一环节，也是人员选拔的基础。承诺型人力资源管理系统往往通过内部渠道招聘员工，采用严格的招聘程序，关注应聘者的内在特质和发展潜能，把员工看成一种可增值的资源进行储备和积累。只有进行严格的选拔，找到真正能够与组织特征相匹配的人选，才能够为长期的雇用关系和组织对员工的投资打下良好的基础（Barnard and Rodgers，2000）。而基于控制型的人力资源管理模式则较为关注应聘者的技术胜任能力，希望能从劳动力市场上招聘到直接能胜任工作岗位的员工。为了使新员工能够迅速开展工作，企业的招聘活动应主要关注应聘者的技术胜任能力。

（2）工作描述。承诺型人力资源系统的工作描述较为宽泛，这是因为该系统以长远的眼光看待应聘者，希望找到的人员不仅是具备当前工作岗位需要的能力，更为重要的是有发展的潜力。控制型人力资源系统的工作描述更为确切，清楚地写明当前岗位需要的劳动力的要求。

（3）培训。承诺型人力资源系统重视对员工的培训，通常在员工培训上的投资比较多，愿意为员工提供广泛的培训，采取多样化的培训方式，从而发挥出最大的潜力提高个人和组织的业绩，推动组织和个人的不断进步，实现组织和个人的双重发展。控制型人力资源系统只是进行简单的员工培训，一般较少进行培训甚至不提供培训。由于员工的工作是程序化、重复性的，企业的培训项目只需针对诸如企业政策、工作程序等一般的信息开展，或者作为一种弥补员工技术不足的办法，而很少进行基于员工发展的综合培训项目。

（4）薪酬。承诺型人力资源管理系统采用以绩效为基础的薪酬体系，薪酬水平比较高，致力于内部公平的实现，以提高员工的满意度和忠诚度，进而影响着员工的工作积极性、进取心，甚至影响员工的去留。控制型人力资源管理系统往往采用固定的、以工作或年资为基础的薪酬体系，着眼于外部公平，薪酬水平以市场水平为准。在以成本最小化为主要目的的战略条件下，员工薪酬通常是根据年资或工作来确定的（Miles and Snow，1984）。

（5）激励性薪酬。承诺型人力资源管理系统的激励性薪酬根据团队的绩效进行奖励，强调团队工作的重要性，而且形式多样化。控制型人力资源管理系统的激励性薪酬将个人回报和个人对企业的有效付出挂钩，强调个体劳动的能动性。

（6）晋升。承诺型人力资源管理系统为员工提供丰富多元化的成长机会，采用工作轮换制，让员工在不同岗位上得到专业技能的全面提升，基本以内部晋升为主，使晋升机制成为组织激励员工的有效手段。控制型人力资源管理系统主要采用外部招聘的方法挑选合适的人补充空出的管理岗位。

（7）绩效评估。承诺型人力资源管理系统着眼于员工发展，采用以行为和发展为导向的绩效评估方式，测量员工的工作行为和工作成果。控制型人力资源管理系统为了提高效率和降低成本，绩效评估的主要目的是降低错误发生的频率和确保员工严格执行工作标准。Snell 和 Youndt（1995）的研究表明，结果导向型绩效评估方法最适合这种目的。

（8）员工参与。承诺型人力资源管理系统将员工看成是重要的信息来源，向员工授权，鼓励员工参与公司的决策制定，这样调动了员工的工作积极性，能够主动地为组织做出自己的贡献。控制型人力资源管理系统的员工参与程度低，甚至没有员工参与。在生产过程中，企业常常把员工当作生产要素的附属品，单纯强调员工与其他要素相配合，因此，企业并不鼓励员工参与决策（Delery and Doty，1996）。

（9）工作保障。承诺型人力资源管理系统为员工提供广泛的工作保障以降低员工的不安全感，使其能全身心地投入到工作当中。控制型人力资源系统较少关心员工的工作保障。由于招聘活动主要基于员工的技能水平和企业的需要，因此员工的发展机会很少，工作保障性非常低。

二、人力资源管理系统内部契合研究

人力资源管理系统是由不同层次的元素构成的和谐统一的整体，这一系列互补的实践活动除了可以避免因互相矛盾而可能产生混淆，从而导致较低的激励水平和较低的生产率等结果之外，其产生的效果比单独运用各种实践活动的效果总和还大（Huselid and Becker，1997）。然而，人力资源管理系统内部匹配问题一直是个难点，SHRM 学者指出人力资源管理实践通过三种中介机制影响组织绩效：①员工的知识、技术和能力（KSAs）；②员工授权；③激励员工工作（Becker and Huselid，1998；Becker et al.，1997；Delery and Shaw，2001；Huselid，1995）。当前研究人力资源管理系统内部匹配问题的文献，多是以该观点为理论基础，探讨人力资源管理实践是如何实现内部匹配的。

Combs 等（2006）以此为依据，根据众多学者对这三方面的研究，简单阐述了高绩效人力资源管理实践相互匹配的过程，如表 2.4 所示。

高水平的员工是有效开展工作的根本，如果员工只具有工作职责范围内的能力是不能为组织做出超越本职工作的贡献的；但是，即便组织拥有高水平的员工，如果不采取恰当的激励措施也是不能发挥他们的能力的；如果组织结构和工作设计阻碍了员工努力，那么高水平的、受到激励的员工也不能自主地安排时间和发挥才智（Liu et al.，2007）。因为增加员工的知识、技

表 2.4　不同学者对三个中介机制研究总结

中介机制	作者	方式	人力资源管理实践
KSAs	Hoque（1999）	为组织招聘有知识、技术、能力的人	广泛的招聘和挑选
	Hoque（1999）；Russell、Terborg 和 Powers（1985）	技能的发展	培训、工作设计、薪酬
激励员工	Delery 和 Shaw（2001）；Huselid（1995）	刺激动机	激励薪酬、绩效评估、内部晋升机制
	Pfeffer（1998）；Youndt、Snell、Dean 和 Lepak（1996）	增加员工承诺	就业保障、灵活的工作时间、抱怨时的申诉程序、高薪
员工授权	Delery 和 Shaw（2001）；Pfeffer（1998）	给员工自由的组织结构和工作设计	参与、自我管理团队、信息分享、就业保障

资料来源：根据文献 Combs J，Liu Y，Hall A，Ketchen D. How much do high-performance work practices matter? A meta-analysis of their effects on organizational performance. Personnel Psychology，2006（59）：501-528 整理。

术、能力，向员工授权以充分利用员工的知识、技术、能力，并鼓励他们发挥自己的知识、技术、能力（Delery and Shaw，2001），使得员工自愿努力地工作，发挥创造力，提高生产率（Becker et al.，1997）。这将会提高组织绩效，降低员工流动率，提高员工工作满意度（Dyer and Reeves，1995），最终会提高企业的利润和市场价值（Becker et al.，1997；Dyer and Reeves，1995；Huselid，1995）。因此，通过 KSAs 束、员工授权束和激励员工束能让各种人力资源管理实践有效地结合起来，共同发挥作用来提高企业绩效。

当前对人力资源管理系统内部匹配问题研究的还不多，基本上都是根据该观点进行探讨的，为人们深入理解该问题提供了可以借鉴的理论基础。Liu 等（2007）在这个基础之上，选取了最能影响企业绩效的九项人力资源管理实践，具体说明了人力资源管理实践是如何影响三种中介机制的以及这些人力资源实践是如何匹配的，如图 2.1 所示。

这个图反映了人力资源管理实践互动的过程，重叠的部分为人力资源管理计划。提升知识、技术、能力实践：挑选员工是建立高效劳动力关键的第一步。系统地设计挑选过程有助于识别工作所需要的具有知识、技术和能力的人。挑选是一个复杂的过程，因为人与工作，以及人与公司的文化和价值匹配都很重要。薪酬水平是影响工作选择最重要的因素。具有吸引力的薪酬

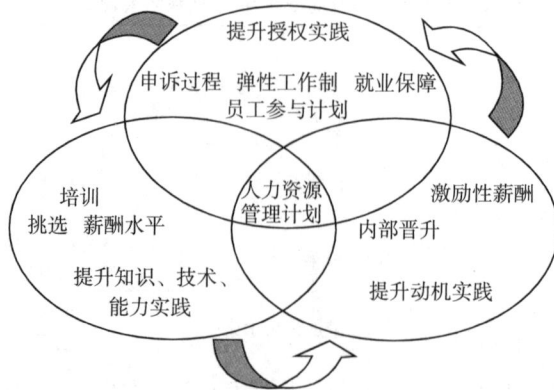

图2.1 人力资源管理实践相互作用过程

资料来源：Liu Y，Combs J G，Ketchen D J Jr，Ireland R D. The value of human resource management for organizational performance. Business Horizons，2007（50）：503–511.

可以帮助公司建立声誉并吸引管理者，进而吸引和保留高质量的员工。高薪降低高水平员工的流动力。因为高薪有助于保留人才，随着时间的推移，能确保员工整体知识、技术、能力水平的提高。但前提是公司确保充分利用高水平的人才，使他们产生的收益大于对他们的投资。培训对于有兴趣追求技术的人来说具有特别的吸引力，有助于他们事业的发展。提升动机实践：许多公司提供激励性薪酬，例如股票期权、个人或者团队绩效奖金、利润分享。激励性薪酬提高员工动机，因为这加强了员工努力和员工应受到的奖励的关系。内部晋升机制有助于员工建立对其未来清晰的期望，鼓励他们不仅要做好本职工作，而且要开发下一个工作的技术和能力。提升授权实践：在鼓励员工参与的公司里，员工有机会创新、参与决策制定、分享与工作及与工作相关的建议。参与可能影响员工完成工作的方式，形成主人翁的意识。这使在工作上比经理知识更加丰富的员工能够主动识别、纠正问题。兼职工作、工作分享、压缩工作周、远程办公和其他的弹性工作安排可以使员工更加自主地安排时间。这些实践有助于员工更好地履行家庭责任和保持健康的工作—家庭平衡。如此，员工工作时可以更加集中精力，从而使工作更有效率。申诉机制为员工发声提供了正式途径，帮助员工解决不满意的情况和工作冲突。就业保障将员工利益和公司长远利益联系在一起，增加员工承诺，使员工更愿意接受公司的愿景和目标。团队、绩效评估和信息分享实证研究时没有证实对绩效有影响的三个人力资源管理实践，并不意味着这些实践对绩效没有影响，只是研究的数据没有证明这种影响。人力资源管理系统的内部契合体现在两个层面，是人力资源捆绑之间的互补性，工作机会捆绑是其他两个人力资源捆绑的补充，图 2.2 中的重叠部分表示捆绑的互补性和捆绑内部的互补性，如在提高技能的捆绑内严格的员工选拔可以提高员工培训的效果，薪酬水平越高，员工学习技能的欲望越强。

尽管 Combs 和 Liu 等（2007）从理论上提出了人力资源管理系统的内部匹配模式，还没有在实证上证明提出的这种协同性对公司绩效的影响。Subramony（2009）将人力资源管理系统分为增强授权束、提升动机束和提升技能束，基于 65 个有关 HRM 实践、高绩效工作系统和经验产出的实证研究文献，通过元分析调查授权束、动机束、技能束和各种经营产出的关系，弥补了人力资源管理系统中的这一缺陷。提升授权束能提高员工的主动性和责任心；提升动机束给员工提供充分的指导和动力；提升技能束提高员工的知识和技术水平（见表 2.5）。通过比较束和单个人力资源管理实践的影响明确了这些束协同的特征，证明了这些束在高绩效工作实践中的重要性。也就是说，

表 2.5　HRM 束的内容

人力资源管理束	人力资源管理实践
增强授权束 （Empowerment-Enhancing Bundles）	工作过程/结果时的员工参与
	正式的申诉过程和投诉解决系统
	工作丰富化（技能的灵活性、工作多样化、责任）
提升动机束 （Motivation-Enhancing Bundles）	正式的绩效评估过程
	激励计划（奖金、利润分享、收益分享计划）
	将薪酬与绩效挂钩
	内部职业流动和晋升机会
	医疗保健和其他的员工福利
提升技能束 （Skill-Enhancing Bundles）	通过工作分析产生的工作描述/需求
	以工作为基础的技术培训
	招聘以确保拥有大量的候选人
	个人挑选时结构化和有效的工具/过程

资料来源：Subramony M. A meta-analytic investigation of the relationship between HRM bundles and firm performance. Human Resource Management，2009，48（5）：745-768.

人力资源管理实践的组合意在同时影响所有或大多数与公司绩效有关的劳动力特点。

综合以上观点，KSAs 束、激励员工束和员工授权束能让各种人力资源管理实践有效地结合起来，形成统一和谐的人力资源管理系统来共同发挥作用提高企业绩效（见图 2.2）。

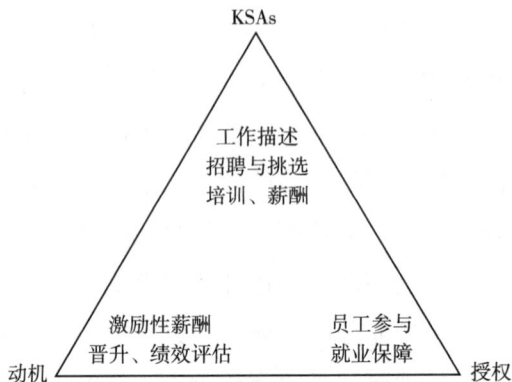

```
                    KSAs

                 工作描述
               招聘与挑选
               培训、薪酬




           激励性薪酬          员工参与
           晋升、绩效评估      就业保障
  动机                                   授权
```

图 2.2　人力资源管理系统内部匹配

在 KSAs 束中，主要包含工作描述、招聘与挑选、培训和薪酬等人力资源管理实践。这些人力资源管理实践确保员工的知识、技术和能力能够胜任企业的发展需要。工作描述明确企业需要具有什么样的知识、技术和能力水平的员工，缩小了选择员工的范围，使企业更容易获得需要的员工。招聘和挑选有助于为企业选到合适的员工，实现员工和职位之间最合理的匹配。培训是传达企业文化、企业精神和企业规章制度等的有效途径，提升员工能力的最佳方式，保证员工水平符合企业需要。薪酬是影响员工选择工作的重要因素，促使员工找到合适的职位以充分发挥自己的才能。

在动机束中，主要包括激励性薪酬、晋升和绩效评估。这些人力资源管理实践能够有效地激励员工，让他们的行为符合企业需要，为企业的发展做出贡献。激励性薪酬是提升员工动机最常用的方式，直接给予员工物质奖励在经济不发达国家和地区中是激励员工非常有效的方法。晋升可以激发员工潜能，激励员工不断提高任职资格水平，还能淘汰不符合职位要求的人。绩效评估能够评价员工的工作成果和工作行为，绩效评估的结果对于激励会产生直接的影响。

在授权束中，主要包括员工参与和就业保障等人力资源管理实践。这些人力资源管理实践将一些权力下放给了员工，让他们有更大的工作自主权，以防工作限制员工想象力和创造力的发挥。员工的参与让员工更大限度地参与到企业经营当中，使他们觉得自己对企业很重要，会极大地提高员工工作的热情和积极性。就业保障能够维护员工的工作权利，让他们能全身心地投入到工作中。

从表 2.3 中发现承诺型人力资源管理系统和控制型人力资源管理系统均包含招聘与挑选、培训、薪酬等人力资源管理实践。因此，无论是在高承诺型人力资源管理系统内还是在高控制型人力资源管理系统内，各项人力资源管理实践均可通过 KSAs 束、动机束、授权束有机地结合在一起，形成一个协调一致的整体。高承诺型人力资源管理系统比高控制型人力资源管理系统更加重视员工的潜在能力，激励员工以及向员工授权。采用高承诺型人力资源管理系统的企业以长期的眼光看待员工，将员工视为企业竞争优势的来源，更加看重员工的发展潜力，努力提高员工的知识、技术和能力，同时尽可能地提高员工工作的积极性和主动性，通过向员工授权鼓励他们自由地发挥创造力。在高控制型人力资源管理系统的企业中，以短期的眼光看待员工，将员工看作成本而非投资，更希望直接找到能马上胜任工作的员工，不注重员工的发展，认为只要通过物质奖励等简单的方式就能激励员工，对员工的创新能力要求也不高。

两种不同的人力资源管理系统都能通过 KSAs 束、动机束、技能束来实现内部匹配，只是具体的人力资源管理实践活动有所不同（见表 2.6）。

（1）KSAs 束：高承诺型人力资源管理系统的工作描述严格地说明了企业需要什么样的员工，招聘时除了关注应聘者当前的技术能力水平外，更加看重其发展潜力，提供广泛的培训以充分地挖掘员工的内在潜力，并提供高水平的工资来吸引和保留员工。高控制型人力资源管理系统的工作描述比较宽泛，招聘时较为关注应聘者的现有能力，希望从劳动力市场上招聘到能直接胜任工作岗位的人，较少进行培训甚至不提供培训，即便是培训也只是讲解公司的规章等，薪酬按照市场标准制定，一般是根据工作时间计算薪酬水平。

（2）动机束：采用高承诺型人力资源管理系统的公司会采用激励性薪酬，例如股票期权、个人或者团队绩效奖金、利润分享等多种奖励方式提高员工工作的积极性。内部晋升机制也是这种人力资源管理系统激励员工的一种方式，有助于员工建立对未来的期望，鼓励他们不仅要做好本职工作，还要开发下一个工作的技术和能力。同时采用以行为和发展为导向的绩效评估方式。高控制型人力资源管理系统将个人回报和个人对企业的有效付出挂钩，强调个体劳动的能动性。员工基本不能晋升，主要通过招聘直接找到胜任职位的员工。绩效评估时主要以工作结果为依据。

（3）授权束：高承诺型人力资源管理系统鼓励员工参与公司决策制定、分享与工作及与工作有关的建议。实施员工参与、弹性工作制、申诉机制和就业保障等多种人力资源管理实践，以提升向员工授权的程度。在高控制型人力资源系统内，则不重视向员工授权，不鼓励员工参与企业决策，只是让员工机械地接受公司的规章制度。

表 2.6　人力资源管理系统的内部匹配模式

人力资源管理束	承诺型人力资源管理系统	控制型人力资源管理系统
KSAs 束	更加重视员工的潜在能力，期望能长久地保留员工，通过多种方式的培训开发和提升员工的知识、技术和能力	看重员工的现有能力，在劳动力市场上直接招聘到企业需要的员工，希望他们具有直接胜任工作的知识、技术和能力
动机束	利用物质和精神方面的各种奖励方式提高员工工作的积极性和创造性，使员工自觉地努力工作	主要重视物质激励，通过金钱的增加激励员工努力工作
授权束	向员工的授权程度很高，让员工积极参与企业的决策制定，员工福利待遇好	向员工的授权程度低，只是让他们被动地接受公司的规章制度和管理规定

三、人力资源管理系统相关研究述评

本书根据对不同人力资源管理系统特点的深入分析，将其归纳为承诺型人力资源管理系统和控制型人力资源管理系统两种模式，并围绕 KSAs 束、动机束、授权束详细地论述了这两种人力资源管理系统的内部匹配。这为人力资源管理系统内部匹配的深入研究带来了启示，也为企业正确选择和实施有效的人力资源管理系统提供具有实践意义的指导。

首先，人力资源管理实践内部匹配的结果形成了不同的人力资源管理系统构型，将多种人力资源管理系统归纳为两类可以更清晰地了解人力资源投入及创造对组织产出的影响。在复杂的背景环境中，更利于企业正确、迅速地采用适合的人力资源管理系统，以使员工在价值创造上取得好的绩效。当组织采用适合的人力资源管理系统时，它才能对组织绩效产生显著影响。例如，承诺型人力资源管理系统是应用差异化战略企业的最佳人力资源系统，对于一些采用成本型战略的企业，控制型人力资源管理系统就是最佳人力资源管理系统。

其次，人力资源管理系统的内部匹配科学地解释了人力资源管理实践对企业绩效的影响过程。各种人力资源管理实践分别通过影响员工的能力、动机和授权共同决定员工绩效，最终影响企业绩效。

最后，不同人力资源管理系统内的人力资源管理实践都可以通过 KSAs 束、动机束和授权束结合在一起。承诺型人力资源管理系统将员工目标与组织目标联系在一起，因此人力资源管理实践都会围绕着提高员工能力、增加员工工作动力、给予员工更大的自主权以发挥他们的创造力组合在一起。控制型人力资源管理系统以短期、交易的观点看待员工，因此各项人力资源管理实践都以有效地利用员工现有能力、降低成本为目的，不太重视员工能力和创造力的开发。

第三节　中国企业人力资源管理实践演变及特征

人力资源管理实践指影响雇员的行为、态度以及绩效的各种政策、手段、制度等的总称（Wright and Sherman，1999）。它能够吸引、确定、保留高质量的员工及确保员工行为与组织目标相一致，所以形成了企业的竞争优势（Wright et al.，1994）。从层次上可以分为：人力资源管理指导原则、人力资源管理政策、人力资源管理结果（人力资源管理所提高的行为、能力等），以及人力资源管理实施过程（实施人力资源管理的有效性）（Wright and Sherman，1999）。人力资源管理实践所包含的内容是广泛的，在不同的学术研究中，研究者依据不同的研究目的，所关注的实践内容也各不相同（孙怀平等，2007）。20 世纪 70 年代实施经济改革后，中国的人力资源管理实践发生了显著的变化（Zhao，1994；Zhu and Dowling，1994；Ding and Warner，1999）。经济改革前，我国以公有制和集体所有制企业为主，企业的经营理念深受传统文化和共产主义思想的影响，采用终身雇佣制并提供全面而优厚的福利制度，即所谓的"铁饭碗"（Ngo et al.，2008）。改革开放后，我国从单一所有制模式转向多种所有制形式并存的模式。人力资源管理实践发生了巨大的变化，包括固定期限的劳动合同、以绩效为基础的工资体制、社会福利制度改革，以及新劳动法的出台，是兼具中国特征和西方或者东亚特征的混合体（Warner，1996）。由于社会文化的强烈反差，西方管理和组织理论在亚洲的适用性受到了质疑（Budhwar and Debrah，2009）。

本节旨在分析中国企业人力资源管理实践的演变，以及不同所有制企业的人力资源管理实践的特征，找出我国企业"最佳人力资源管理实践"，指出影响我国人力资源管理实践变化及特征的因素，为我国人力资源管理研究和实践提供参考和借鉴。

一、中国企业人力资源管理实践演变

在从计划经济体制向市场经济体制的转型过程中，中国企业的人力资源管理经历了从计划经济体制下的劳动人事管理向现代人力资源管理的转变，进行了从终身雇佣制向劳动合同制、从平均工资向按劳分配、从终生保障制向社会保险制转变的三大体制改革。转型经济下动态环境的变化需要企业采用与环境变化相匹配的人力资源管理实践（高素英等，2009）。随着劳动力市场化程度的不断提高，企业的人力资源管理实践发生了改变，现有文献研究最多的是甄选和招聘、薪酬、绩效评估、晋升、培训发展、员工参与六方面的人力资源管理实践（见表 2.7）。

从甄选和招聘来看，企业在经济改革后拥有了更大的自主权，特别是在资源分配、产品生产和员工管理上（Zhu and Dowling，1994；Zhu，2006）。Zheng 等（2009）分析了改革前后中国企业甄选和招聘的变化。改革前政府决

表 2.7　中国企业人力资源管理实践演变

人力资源管理实践	人力资源管理实践变迁	
	改革前	改革后
甄选和招聘	政府决定企业的招聘	企业有了更大的自主权，按企业需求招聘
薪酬	仅分为干部工资和工人工资	按劳分配，激励性薪酬
绩效评估	政治是关键决定因素，资历很重要	以绩效或结果为导向评估
晋升	按照资历	以绩效评估为依据
培训发展	员工水平低，培训发展成为中国企业发展的关键	提升员工技术和能力的有效工具
员工参与	—	集体决策在中国越来越普遍

资料来源：根据相关文献整理。

定企业的招聘人数；改革后企业为了适应市场经济下劳动力市场的变化，甄选和招聘有了更大的自主性，基本由企业自主决定。他们的研究表明国有企业招聘一定程度上仍受政府控制，但也有了很大的自主权；集体企业和民营企业在招聘时则有非常大的自主权，能按照生产需求招聘需要的员工。

从薪酬来看，改革开放前事实上就没有奖励薪酬，仅设置了干部工资和工人工资，没有奖金、基于绩效的工资和其他的物质奖励（Zhu，1999，2006）。改革开放后，分配形式越来越多样化，除了岗位技能工资制、基数等级工资制、岗位工资制、岗位等级工资制、职务等级工资制、多元结构工资制、薪点工资制基本工资制度外，还有年薪制、计件工资制等其他分配制度，并且法律规定了职工最低工资标准。以绩效为基础的薪酬在民营企业中比在国有企业中普遍（Zheng et al.，2009），清楚的工作描述和严格的绩效评估是员工薪酬水平的决定因素（Akhtar et al.，2008）。由于中国收入水平低，高工资成为吸引和保留高质量员工的重要因素（Wang et al.，1999）。

从绩效评估和晋升来看，改革前政治是绩效评估和员工晋升的关键决定因素，资历是内部晋升最重要的依据（Zheng et al.，2009），这反映了中国尊重前辈的文化传统（Wang et al.，1999）。改革后，我国国有企业、民营企业和合（外）资企业都普遍采纳了国外科学的绩效评估制度，成为员工晋升的重要依据。绩效评估不仅应用于经理提升和岗位轮换，也适用于一线工人，国务院发展研究中心的报告表明，67.3%的企业使用了绩效评估（Akhtar et al.，2008）。在中国企业中，常见的绩效评估方式是员工年度自我评估，并参考上级同事和下属的意见，与老板面谈则很少见（Easterby-Smith et al.，1995）。

从培训发展来看，在职培训是重要的人力资本投资形式（高素英，2009）。改革前的人事政策使得员工技能和管理水平比较低，劳动力市场上合格的人力资源有限，培训和职业发展（特别是低水平员工）已经成为中国企业发展的关键；改革开放后外资企业在中国投资增多并引进了先进的技术，需要高技能的工人，但是中国工人的技术水平一般比较低，在公司不得不依赖于当前劳动力（而不是解雇和招聘新员工）的前提条件下，培训已经成为提升员工技术和能力的有效工具（Zheng et al.，2009）。

从员工参与来看，员工参与在中国越来越普遍（Wang and Mobley，1999），工人参与制定决策在中国企业中开始普及（Warner，1993），中国企业非常鼓励集体决策和责任分担（Wang，1990）。Benson 和 Zhu（1999）发现越来越多的公司通过以团队为基础的决策制定和信息分享、员工参与管理决策制定来提高劳动生产率和组织效率。

由此可见，中国企业人力资源管理实践趋向国际上先进的人力资源管理实践方向发展，Cunningham 和 Rowley（2007）从企业外部和内部两个方面剖析了这一原因。从外部来看，除了国际化和行业发展原因外，企业为了应对经营不确定性和实现专业化管理，需要学习国际上通用的准则。例如，在高级经理的培训项目中，讲授西方国家、日本、中国香港、加拿大、美国，以及专业协会和国际咨询公司的管理知识。内部原因有四个：其一，从变化的环境中迅速地获取新知识对企业提高能力非常关键，要跟上世界的发展趋势，也需要向国外学习先进的知识和经验；其二，中国企业确实受益于西方的"最佳实践"；其三，开放的思想有助于企业保持良好的发展势头；其四，新一代管理者逐渐增多，大多数管理者都接受过大学经济和管理教育，或者是从海外学成归来，他们更易于领悟和引进西方的管理理念和实践。

二、中国企业人力资源管理实践特征

改革开放以来，中国经济迅速发展，人力资源管理越来越向市场化方向发展，然而，国有企业、合（外）资企业、民营企业的人力资源管理是不同的（Warner，1996）。本书将分别研究国有企业、合（外）资企业、民营企业的人力资源管理实践特征。

1. 国有企业人力资源管理实践特征

改革开放以来，中国政府面临的最大挑战就是国有企业改革（Cooke，2000）。所有制改革目的是提高国有企业效率，员工所有制（例如，将公司股票卖给员工）是改革的重要组成部分，这将员工利益与企业利益联系在一起（Akhtar et al.，2008）。改革前后国有企业的人力资源管理实践发生了很大的变化（见表2.8）。

表 2.8　国有企业人力资源管理实践特征

人力资源管理实践	人力资源管理实践特征	
	改革前	改革后
甄选和招聘	国家统一分配	多以市场为导向
薪酬	平均工资	岗位工资制
晋升	以资历为基础	内部晋升制度
培训发展	投资少	投资增长，但还不多
社会福利	全面优厚的福利制度	五险一金

资料来源：根据相关文献整理。

改革前国有企业是"铁饭碗"式的用工模式，国家集中分配工作、终身雇佣、平均工资和全面优厚的福利制度；改革后终身雇佣制被废除，招聘、晋升、薪酬、福利都进行了改革，大的变化包括固定期限的劳动合同、以绩效为基础的薪酬制度、福利制度改革、新劳动法对员工关系的规定（Warner，1996）。在国有企业中，面试和非正式讨论是主要挑选方式（Lu，1996），挑选新员工时任人唯亲比较常见（Warner，1993；Lu，1996）。薪酬与工作挂钩，岗位职责、技术水平、公司绩效和个人绩效共同决定薪酬水平，有利于激励员工（Cooke，2000）。国有企业员工培训上的总投资和平均投资都比非国有企业少且更注重技术发展（Ng and Noel，2004）。中小型国有企业一般采用传统人力资源管理实践，在中央计划体制经营模式下更加关注传统的人事管理实践（Zheng et al.，2009）。尽管国有企业人力资源管理实践变革很大，但仍然受社会制度和政治上的限制，福利制度改革和大量下岗工人仍是亟待解决的重要问题（Ngo et al.，2008）。

Cooke（2000）以中国铁路为例分析了国有企业人力资源改革政策和人力资源管理实践，特别是下岗职工再就业问题。他认为人力资源改革政策的目标是缩小规模和提高劳动生产率。为了缩小规模，企业限制招聘人数、鼓励现有职工转包合同、鼓励下岗职工创业、将工人转移到其他地区或合资公司、终止临时工合同；为了提高劳动生产率，劳动合同制代替终身雇佣制，合同上清楚地写明每个岗位的任务和职责、评价标准、工资和条件，并开始实施"竞岗"，不合格的职工将下岗。他发现下岗职工再就业的措施包括技能培训、内部重新安置、提供劳动力市场的就业信息，以及为下岗职工提供最低生活保障。

2. 合（外）资企业人力资源管理实践特征

处于经济转型中的中国，其快速变化的竞争环境使得跨国企业必须调整竞争战略，为了保持竞争力，跨国企业必须相应调整人力资源管理措施（Gao Su-ying，Zhao Shu-ming and Geng Chun-jie，2009）。Walsh 和 Zhu（2007）分析了外资企业人力资源管理实践的转变。尽管许多外国的母公司认为中国人力资源管理实践无效，但是在外资公司中并没有完全采用国外的人力资源管理实践。他们的研究表明传统的中国人力资源管理实践（例如长期的员工保障和正式的员工代表大会体制）在外资企业中仍很普遍，然而，跨国公司的人力资源管理实践还是有所改变的。合（外）资企业人力资源管理实践的特征如表2.9所示。

表2.9　合（外）资企业人力资源管理实践特征

人力资源管理实践	人力资源管理实践特征
甄选和招聘	低素质员工和高素质员工的招聘、甄选方式不一样
薪酬	多采用基本工资加技术和岗位津贴、奖金的结构性薪酬
绩效评估	采用定期评估体制
晋升	按合同规定，总经理一般具有完全自主权
培训发展	多数公司都重视员工培训
员工参与	从上到下的参与机制在所有公司中都很普遍

资料来源：根据相关文献整理。

在招聘上，合（外）资企业普遍利用在报纸登广告和劳动中介机构招聘生产工人和低技术水平的工人，使用互联网、猎头公司和校园招聘招募技术和管理人才；挑选也存在这种情况，面试和能力测试用于大部分的管理职位，而工作测试在雇用生产工人时很普遍（Walsh and Zhu，2007）。不少于59%的来中国投资的企业认为，招聘经理是其面对的首要问题（Björkman and Lu，1999）。薪酬体制方面，比起外资企业，合资企业的结构性薪酬受中国规章制度的影响更大，合资公司大多采用基本工资加技术和岗位津贴、奖金的结构性薪酬（Walsh and Zhu，2007）。半数合资公司采用以绩效为基础的奖金制度，最为普遍的是以个人绩效为依据，其次是以个人和集体的共同绩效为依据，最少见的是以集体绩效为依据，还有的公司采用增加薪酬而不是定期奖励的方式来激励员工（Björkman and Lu，1999）。Walsh 和 Zhu（2007）的研究表明中日合资公司喜欢采用以团队为基础的奖金制度，工人和高层经理的薪酬差别不大；中欧和中美合资企业更多地采用个人奖金制度，工人和高层经理的薪酬差别相对较大。

在合资公司的员工评估和晋升方面，Bjorkman 和 Lu（1999）论述了这一问题。约一半的合资公司已经采用了定期评估体制。设定目标是绩效评估的一部分，包括个人目标和团队目标，这使员工责任更加明确。合资公司的绩效评估与西方不同，因为考虑到中国人的价值观（例如面子与和谐），管理者通常要和下属进行绩效评估面谈或讨论。合资公司的外方不愿意提升中方的中层经理，中方也不愿意接受从外部招聘高级管理者，为了避免出现这种情况，一些合资公司的合同上写明在员工的晋升上总经理有完全的自主决定权。

就培训而言，外资公司对中国员工特别是对管理者进行基本的培训，采用各种各样的内部培训、外部培训、部门培训以及到大学深造提升员工素质（Walsh and Zhu，2007）。因为中国雇员的技术、知识和技能一般都不能胜任他们的职位，所以多数公司都重视员工培训，最常用的方式是子公司的西方管理者安排公司的内部培训，但是在培训开始时经常出现受训者缺乏足够的知识和技术以及沟通和文化差异的问题；其他普遍采用的培训方式有组织职能经理和专业人士去中国的大学和商学院参加短期培训和研讨班，选派关键员工去国外接受正式和在职培训（Björkman and Lu，1999）。合资公司对员工培训的投资很大，因为培训被看作是确保生产、服务质量及标准的关键和有效方式，而且培训有益于高层管理者本土化，受过培训的中国高层经理已经成功地取代了外方经理，例如在爱立信中国公司，12 个高层经理中有 9 个是中国人（Akhtar et al., 2008）。

从员工参与来看，从上到下的参与机制都很普遍。日资企业举行定期的例会，每月出版一份工作简报，除了调查员工对公司的建议外，还要调查员工对公司服务、社会福利的观点和意见；欧美公司基本每月举行一次例会，仅是调查员工对公司政策的看法，日资企业比欧美企业更重视团队在信息分享中的作用（Walsh and Zhu, 2007）。

3. 民营企业人力资源管理实践特征

Zheng 等（2009）研究表明民营企业和集体企业由于企业规模比较小，成立时间比较短，没有能力或者没有有效的资源采用所有的创新人力资源管理实践，因此依赖于比较简单的、成本比较低的转型人力资源管理实践。转型人力资源管理实践重视甄选、以绩效为基础的工资和员工参与，不太重视培训、开发和绩效评估，员工大多是招聘的。民营企业人力资源管理实践特征如表 2.10 所示。

表 2.10 民营企业人力资源管理实践特征

企业类型	人力资源管理实践	人力资源管理实践特征
民营企业	甄选和招聘	自主招聘
	薪酬	以绩效为基础
	培训发展	不太重视
	员工参与	比较重视
乡镇企业	甄选和招聘	当地招聘非技术工人，全国招聘技术工人
	薪酬	以绩效为基础的奖励制度
	绩效评估	由总经理或人事部门负责
	晋升	由总经理或人事部门负责
	培训发展	以技能培训为主，满足公司需求和发展战略
	社会保障	最低社会保障

资料来源：根据相关文献整理。

　　乡镇企业是民营企业的一部分，也是学者研究的重点。乡镇企业人力资源管理需要考虑特殊的农村环境，例如处理与乡镇政府的关系、解决农村剩余劳动力等问题，所以形成了与众不同的人力资源管理方式（Ding et al.，2001）。Ding 等（2004）研究了乡镇企业人力资源管理实践的特点。大多数乡镇企业的人力资源部门执行最基本的人事管理职能，例如设计员工工作、招聘和解雇、员工绩效评估和晋升。他们发现许多企业的人力资源部门的权力有限，重要的人力资源决策直接由总经理决定；但是，在一些大型乡镇企业中，人力资源管理的重要性处于公司的战略地位，通常由副总经理或者董事会负责，人力资源管理部门完全有权力做出管辖范围内所有决策。

　　从招聘上看，从当地招聘非技术工人，但是在全国范围内招聘专业人员，例如经验丰富的管理者、合格的技术人才和市场销售人员（Ding et al.，2004）。

　　从奖励制度上看，乡镇企业普遍采用以绩效为基础的奖励制度。一线工人多为农民工，工资比较低，按月领取工资，奖金很低或者没有；高级经理由于产权改革薪酬制度区别很大，不同的治理结构中有多种不同的奖励形式，例如浮动薪酬、年薪制、基本工资加年终奖、基本工资加股权，这是因为乡镇企业已经逐渐意识到高动机的高层经理是改善公司绩效的关键因素（Ding et al.，2004）。

　　从员工培训上看，乡镇企业培训目的在于满足公司的需要和发展战略（Ding et al.，2001）。大多数公司都提供员工培训，但是公司的治理结构和规模不同，培训的强度和范围差别很大，一般小公司的培训仅限于改变员工技能，大公司有更加正规的培训计划并直接投资员工开发（Ding et al.，2004）。

　　从社会保障上看，乡镇企业开始遵从最低的法定保险标准，不同规模或不同治理结构公司的区别不大（Ding et al.，2004）。

　　随着公司治理结构向着更为清晰的产权形式演变（从责任制，到租赁承包、合资、股份制，再到公开上市），人力资源管理实践也更多地采取以市场为导向，包括招聘、培训、奖励与绩效评价（Ding et al.，2004）。

三、中国企业人力资源管理实践演变及特征研究述评

综上所述，中国企业人力资源管理实践的演变、特征和外部环境密切相关。外部环境的变化对企业人力资源管理实践产生了直接的影响，人力资源管理进行了一系列的改革，人力资源管理实践发生了很大的变化。这对现代管理理论提出了新要求，尽管西方的人力资源管理理论对我国的人力资源改革有着重要的参考价值，但是由于文化的区别、制度的差异、国情的不同，我国的人力资源管理实践与国外相比有很大的差别，结合中国企业实际情况研究转型经济下中国企业的人力资源管理问题则更为关键。本书认为，需要在以下两方面进行更加深入的研究：

一是挖掘影响中国企业人力资源管理实践的深层次原因。中国从计划经济向市场经济的革命性转变给企业带来了前所未有的压力和危机，促使人力资源管理实践的特征发生根本性的改变。大部分研究基本达成一致，认为中国人力资源管理实践既保留中国特色又具有西方特色，不同所有制中人力资源管理实践的特点不一样。至此，人们不禁会追问中国企业人力资源管理转变的决定性因素是什么？除了中西方文化的差异、企业所有制等这些显而易见的因素外，还有其他别的决定性因素吗？对这些问题的回答，为中国人力资源管理理论发展提供了新空间。

二是在研究中国企业人力资源管理问题时，要考虑中国所处的时代背景。从人力资源管理实践的演变和特征来看，我国企业的人力资源管理具有鲜明的时代特征，研究中国情景下的人力资源管理是对理论发展提出的新要求。

第四节　人力资源管理系统选择的影响因素

人力资源管理实践选择的影响因素不仅决定了人力资源管理系统的特征，而且对企业的人力资源管理变革、实施新的人力资源管理政策，以及人力资源管理转变也有重要的作用。

一、国外企业人力资源管理实践的影响因素

在非中国企业中，关于哪些因素影响企业人力资源管理，学术界并没有一致意见。在西方管理学主流期刊中出现的因素有：企业使命（Galbraith，1983）、经验战略（Hambrick and Snow，1987；Jackson et al.，1989）、产品生命周期（Kochan and Chalykoff，1985）、管理方式（Kochan and Chalykoff，1985）、技术水平（Kochan et al.，1984；Jackson et al.，1989）、工会活动（Kochan et al.，1984）、内部劳动力市场（Kochan et al.，1984）、社会条件（Schuler，1992）、人口统计学特征（Schuler，1992）、市场竞争（Schuler，1992）、组织结构（Jackson et al.，1989）、行业（Jackson et al.，1989）（见表2.11）。

二、国内企业人力资源管理实践的影响因素

在现有文献中，影响中国企业人力资源管理实践的因素主要有文化、政治经济因素、所有制、地区、规模等（见表2.11）。

1. 文化

文化的差异是中国人力资源管理实践中既有传统特征，又有西方特征的重要原因。Cunningham 和 Rowley（2007）认为儒家文化对中国人思想以及教育的影响是形成中国人独特价值观和思想的原因。儒家文化是中国人思想和行为的基础，其价值观念深深地根植于中国社会，因此人们工作时比较重视面子和关系。中国社会和教育体制极其重视和谐、等级和纪律。教育和培训体制作为影响人力资源成长和发展的基本因素，对员工实践和组织结构有着很大的影响。他们的研究说明了中国企业人力资源和组织结构的独特性，例如中国人力资源的特征是缺乏创造性思维、缺乏解决问题的能力和适应性差、避免冲突和责任。在等级制的组织结构中，应重视人际关系而不是正规的经营关系。的确，中国人力资源管理实践反映了集体主义、等级、和谐、忠诚和战略思想等特征，像团队工作、团队绩效评估和激励、管理者和员工工资差距小、合作及和谐的劳动管理关系、以资历为基础的工资体制（特别是改革以前）（Warner and Zhu，2002）。

表 2.11　人力资源管理实践的影响因素

影响因素	非中国企业						中国企业			
	Galbraith (1983)	Kochan 等 (1984)	Kochan 和 Chalykoff (1985)	Hambrick 和 Snow (1987)	Jackson 等 (1989)	Schuler (1992)	Ding 等 (2001)	Ding 和 Akhtar (2001)	Zhu 和 Warner (2004)	Chen (2004)
企业使命	★									
经营战略				★	★					
产品生命周期			★							
管理方式			★							
技术水平		★			★					
工会活动		★								
内部劳动力市场		★								
社会条件						★				
人口统计学特征					★	★				
市场竞争					★	★			★	
组织结构										
行业										
地区							★		★	
所有制							★	★	★	
公司规模							★	★	★	★
成立时间								★	★	
管理水平										★

注：★表示文献中所提及的影响因素。

2. 政治经济因素

随着中国加入 WTO 和国外投资增多，企业开始实施国际标准的人力资源管理政策和实践，但是中国的政治和经济结构与西方国家有很大的不同，且深受以前的计划经济体制影响，限制了西方人力资源管理实践转移到中国（Cunningham and Rowley，2007）。在新形势下出现了以下两方面问题：一方面管理者有权招聘和解雇员工，制定工资等级，决定一些员工晋升和福利（Zhu and Warner，2004）；另一方面失业逐渐增多，工人流动性增强，工资不平等拉大（Warner and Zhu，2002）。

3. 所有制

不同所有制企业的人力资源管理实践显著不同。国外公司不仅带来了先进技术和现代化产品，还带来了卓越的管理体制和技能，他们在中国的成功对国内企业改变人力资源管理实践有着深远影响（Ding et al.，2000）。外国公司来中国投资在经营管理上具有优先权，例如，能自主决定员工规模、根据经营需要招聘高级经理和技术人才、设计基于绩效的薪酬系统、通过培训和各种奖励机制保留企业的关键人才（Björkman and Lu，1999）。外资公司人力资源管理实践是国企人力资源管理实践改革的范例（Ding et al.，2004）。外资公司持股比例越高，越有可能采用正规的人力资源管理实践（Zhu and Warner，2004）。

4. 地区

它是人力资源管理实践最重要的影响因素之一，位于沿海发达地区的企业为了竞争和生存，需要面对更强的创新压力，采用正规的人力资源系统是实现公司战略目标的一部分；内陆地区的企业压力较小，较少关注正规的人力资源管理实践（Zhu and Warner，2004）。Ding 等（2000）从外部经营环境分析了国外公司偏爱在沿海发达地区投资的原因，因此造成了发达地区和不发达地区人力资源管理实践的差异。企业受外部经营环境的影响，成熟的劳动力市场，迅速发展的通信、交通等基础设施的发展，使得劳动力流动性增强。所以，多数国外企业投资时关注地区发展的水平，特别是大型跨国公司，在中国南部和沿海地区交通基础设施发达、收入多、教育水平高，吸引了许多国外企业投资，对当地的人力资源管理实践影响很大。然而，在中国北部和内陆地区，传统的国有企业仍占主导地位，交通设施不发达，收入少、教育水平低，使该地区对国外公司没有吸引力。由于缺少外资企业，这些地区的人力资源管理实践比较保守，市场化程度低。

5. 规模

Ding 等（2000）通过对 62 家国有企业和外资企业的调查分析，发现大公司与小公司相比，薪酬体系缺乏吸引力，人事经理思想比较传统，而招聘上没有差异。他们认为这是因为大型公司人力资源管理实践变革时受到的阻力较大，众多职工和臃肿的组织结构阻碍了组织变革。平均主义和计划经济传统思想对大型国有企业影响很深，它们往往背负着高份额的不良资产，因此，大公司人力资本变革的阻碍比小公司大（Ding and Akhtar，2001）。

6. 市场定位、成立时间、行业

这些因素对中国企业人力资源管理实践也有影响，但研究得相对简单。在市场定位上，以出口为导向的企业更易采取正规的人力资源管理实践，如果企业依赖于海外市场，产品和服务的质量必须达到国际标准。因此，国际化的管理体系，包括人力资源管理，有助于企业实现目标（Zhu and Warner，2004）。中国公司成立的时间和人力资源管理密切相关。成立时间短的企业受传统国家计划体系影响较弱，更易采取正规的人力资源管理实践（Zhu and Warner，2004）。具有悠久历史企业的人力资源管理实践更加传统、受传统体制的影响更深、人力资源管理实践变革的阻力更大（Ding and Akhtar，2001）。就行业来说，面向市场经济和高附加值的企业更易采取正规的人力资源管理实践（Zhu and Warner，2004）。

三、人力资源管理系统选择的决定性因素

对于非欧美国家的企业来说，究竟是什么驱使它们选用人力资源管理系统呢？学者们对这一问题进行了有益的探讨，这些研究为本书提供了很好的借鉴，具体如表 2.12 所示。Bae 等（2000）证明了在韩国重视人力资源管理，并将人作为竞争优势源泉的企业更可能采用高参与人力资源管理。Wei 和 Lau（2005）通过实证研究表明市场导向、重视人力资源管理和人力资源管理的能力与中国企业采用战略人力资源管理显著相关。Wang 等（2007）研究了中国

情境下组织目标优先性和采用高绩效人力资源实践的关系。企业同时重视经济和人本目标与采用高绩效人力资源实践正相关；目标的优先性和高绩效人力资源实践的关系在外资、民营企业中比国有企业更强。Som（2007）指出在印度影响公司采用战略人力资源管理的因素有国家环境（工会化程度和行业特点、技术的成熟度）、组织结构调整和所有制结构、法律推动（采用国际顾问）、组织文化以及人力资源部门角色。专门针对中国情境的研究已取得了初步的进展。

表 2.12 影响人力资源管理系统选择的因素

影响因素	Bae 等（2000）	Wei 和 Lau（2005）	Wang 等（2007）	Som（2007）
重视员工	★			
经营战略/组织目标		★	★	
人力资源管理		★		★
工会和行业				★
技术				★
组织结构				★
所有制				★
法律				★
组织文化				★
公司规模				
国家	韩国	中国	中国	印度
研究方法	定量	定量	定量	定性

注：★表示文献中所提及的影响因素。

四、人力资源管理系统选择影响因素研究述评

本节分析了影响企业人力资源管理实践的因素以及影响人力资源管理系统选择的决定性因素。可得出以下两点结论：

（1）人力资源管理影响因素的研究受情境因素的影响很大。在非中国企业的研究中，影响人力资源管理的因素主要是企业战略、技术水平、市场竞争等与企业特征无关的变量；而在中国企业的研究中，主要将影响因素归结为所有制、规模、成立时间等企业特征变量。显然，中国情境下人力资源管

理实践影响因素的研究不够全面，还应该进一步挖掘除企业特征变量以外的其他因素。所以，未来的研究应继续深入探索中国企业人力资源管理实践的影响因素，特别是界定转型经济背景下独特的影响因素，从而更好地回答诸如影响因素是如何作用于人力资源管理实践转变的、对人力资源管理实践产生怎样的影响等问题。这也为更深入地分析影响人力资源管理系统选择的决定性因素提供启示。

（2）以往的研究对企业采用人力资源管理系统的动因进行了有益的探究并提供了可借鉴的思路。但迄今为止，大部分学者只是对不同的影响因素与人力资源管理系统的关系直接进行了实证检验，而很少有人追问在企业的实践活动中，到底有哪些因素确实能影响他们采用人力资源管理系统？这些因素对不同企业的影响是否存在差异性？如果没能先从质性的角度对这些问题进行回答，将很难知道什么是促使公司有效采用人力资源管理系统的决定因素，其量性研究的准确性也将大打折扣。

第五节　人力资源管理系统与企业绩效关系

人力资源管理系统与企业绩效关系的实证研究是人力资源管理领域的研究热点，许多学者研究了这一问题（Becker and Huselid，2006；Bowen and Ostroff，2004；Evans and Davis，2005；Ferris et al.，1999；Gerhart et al.，2000；Wright et al.，2005；Wright et al.，2001）。在人力资源管理系统与企业绩效关系的研究中主要有普适观、权变观和形态观。普适观（Universalistic）认为存在一组普遍适用于所有企业的"最佳人力资源管理实践"；权变观（Contingency）认为企业需要根据不同的企业战略采用相应的人力资源实践活动；形态观（Configuration）认为企业的人力资源管理实践应是内部匹配的，同时，人力资源管理系统也应与战略、外部环境等相匹配。

普适观的研究探讨了"最佳人力资源管理实践"与企业绩效的关系。Arthur（1994）美国对30家钢铁企业做了研究，研究表明，与控制型人力资源管理系统相比，承诺型人力资源管理系统有更高的生产率、更低的离职率和废品率。Huselid（1995）对美国968家跨行业企业进行了调查研究，结果发现人力资源管理系统的测量值和企业的人均销售额以及人均市值之间显著正相关。MacDuffie（1995）针对16个国家的62家汽车装配厂的研究表明，采用"创新型人力资源管理实践"能提高装配效率和质量。Ichniowski 等（1997）对美国17家钢铁公司的36条相同工序的生产线进行研究发现，"创新型人力资源管理系统"与更高的劳动生产率相关联。Guthrie（2001）对新西兰企业的研究发现，人力资源管理系统与员工保留以及生产率之间存在正相关关系。总之，来自不同行业的许多实证研究表明，有效管理企业的人力资源能给组织带来更好的绩效或其他好的结果（Becker and Gerhart，1996；Wright and Boswell，2002）。

权变观研究了人力资源管理实践与战略相匹配对企业绩效的影响。这种观点的基本逻辑假设是最佳的契合（Fit）将会促进企业绩效的提高（Delery，1998）。Ostroff（2000）发现，人力资源实践和企业绩效之间存在普遍相关性，然而这种相关性和公司的竞争战略有关。Batt（2002）对呼叫中心的研究得出，高投入工作系统的效果和员工所服务的客户类型有关。

形态观研究了人力资源管理系统、企业战略（或其他外部条件）、企业绩效间的关系。Youndt 等（1996）对97家制造型企业的调查研究也表明，战略对人力资源管理系统与企业绩效的相关性起到了明显的调节作用。当企业采用强调质量的制造战略时，人力资本提升型的人力资源管理系统与企业的运作效率存在显著正相关关系。Datta 等（2005）的研究认为，行业特征对高绩效工作系统的效果起到了调节作用。Selvarajan 等（2007）以爱尔兰246个组织作为样本从新的视角检验了关于企业战略、产业环境、人力资本哲学、创新精神和企业绩效之间关系的因果模型，支持了人力资本哲学和创新性在企业战略、产业环境和企业绩效之间关系的中介作用。这些研究证实了人力资源管理系统既需要与内部水平匹配，又需要与环境以及企业战略"垂直匹配"的原则。

在中国，为适应市场竞争的需要，传统的用工制度、人事制度、分配制度、社会保障制度等均发生了根本性的改变。很多企业已经建立职位分析、职位评价、人员招募与甄选、人力资源再配置、绩效管理、薪酬管理、人员培训与开发等各种人力资源管理制度，各种新观念和新技术不断涌现，人力资源管理方式越来越科学。随着基础管理模式的深刻变革，以人才测评、绩效评估和薪资激励制度为核心的人力资源管理模型已经确立（赵曙明，2009）。而且，随着战略人力资源管理研究成为人力资源管理领域的热点，人事部门在企业中的战略地位也越来越受到重视（李龙振和刘国山，2010）。许多学者研究了中国的战略人力资源管理问题，如高绩效人力资源管理系统（范秀成和英格玛·比约克曼，2003）、高参与工作系统（程德俊和赵曙明，2006）、支持型人力资源实践（徐国华和杨东涛，2005）、承诺型人力资源管理系统（刘善仕等，2008）等，基本支持了人力资源管理系统有助于提升企业绩效的观点。

中国情景下从普适观角度对人力资源管理实践与企业绩效关系的研究基本上证实了人力资源实践是企业持续竞争优势的源泉。Akhtar 等（2008）以465 家中国企业为样本，多重回归分析了培训、参与、以结果为导向的奖励、内部事业机会是人力资源管理实践的核心，社会保障、工作描述和利润分享并非核心人力资源管理实践。Zheng 等（2009）采用聚类分析法研究了 74 家中小型企业的人力资源管理实践与组织绩效的关系，证实了采用创新型人力资源实践企业的人力资源产出和公司绩效更好。Zheng 等（2006）按照一定标准选出了 7 个与中国中小企业相关的 HRM 实践，包括市场挑选、以绩效为基础的奖金、社会保障收益、培训和发展、绩效评估、员工参与和工会，实证结果表明不是所有的人力资源实践都会使企业绩效改善，以绩效为基础的工资、员工参与决策制定、市场挑选、绩效评估是高绩效的人力资源管理实践。程德俊和赵曙明（2006）的研究验证了高参与型工作系统对员工的组织承诺和组织的销售增长具有积极的影响。张正堂等（2008）以 133 家样本企业为研究对象，发现采取内部型人力资源管理系统形态的企业的绩效高于采取市场型人力资源管理系统形态的企业。国内学者的研究也大多证实了人力资源管理实践或系统与企业绩效存在着积极的关系，对企业的发展至关重要（曹晓峰，2003；苏方国和赵曙明，2003；刘善仕等，2005；杨东涛和曹国年，2006；张弘和赵曙明，2006；刘善仕和巫郁华，2008）。

中国情景下权变观的研究有：Bjorkman 和 Xiucheng（2002）检验了西方公司在中国的合资公司和外资公司的 HRM 系统与组织绩效的关系，通过对62 家企业的层级回归分析证实了高绩效人力资源管理系统能改善企业绩效，人力资源管理与战略的整合程度与企业绩效正相关。Chow 等（2008）采用形态理论的方法探讨人力资源管理实践组合与企业战略之间的最佳契合模式。以广州的 241 家企业为样本实证检验这些关系，发现适合中国情景的四种人力资源形态。该研究的结论在一定程度上支持了人力资源管理系统与企业战略的交互作用有助于提升企业绩效的观点。这些研究证实了人力资源管理系统需要与环境以及企业战略"垂直匹配"的原则。人力资源管理系统与企业战略匹配也是国内学者关注的一个研究领域。企业的人力资源管理实践与战略的整合程度对企业绩效存在积极的影响（范秀成和英格玛·比约克曼，2003），柔性战略对"支持型人力资源实践—公司绩效"有调和作用（徐国华和杨东涛，2005），员工培训对创新战略与企业绩效具有调和作用（秦晓蕾等，2007）。

中国情境下形态观的研究有：张正堂等（2008）提出了人力资源管理系统、竞争战略与企业绩效关系的假说。刘善仕和刘辉健（2008）对中国 116 家企业的人力资源实践状况的调查结果显示，企业绩效不仅与部分人力资本投资活动存在积极的联系，而且与人力资源管理系统和企业战略的整合程度有关。刘善仕等（2008）采用形态理论（Configuration Theory）的方法探讨人力资源管理实践组合与企业战略之间的最佳契合模式。程德俊和赵曙明（2006）的研究结果表明环境动态性对高参与工作系统和企业绩效关系具有调节作用。

综观国内外人力资源管理系统与企业绩效关系的研究，未来研究应该具有从情境观出发，完善人力资源管理与企业绩效研究的普适性结论的发展趋势。

第六节　本章小结

　　本章围绕着本书的研究主题，对相关领域的研究成果进行了回顾。首先，回顾、整理了人力资源管理理论的发展脉络，辨析了不同人力资源管理模式的特征。其次，阐述了人力资源管理系统的相关理论。在系统梳理典型人力资源管理系统构型的基础上，根据不同人力资源管理系统构型的特征，将其归纳为承诺型人力资源管理系统和控制型人力资源管理系统两种构型，说明了每种人力资源管理系统中人力资源管理实践的特点，并详细论述了这两种人力资源管理系统是如何围绕着知识、技术、能力束、动机束和授权束来实现内部匹配的。再次，在梳理、归纳国内外研究进展的基础上，全面回顾中国企业人力资源管理实践的演化进程，进而辨析不同所有制企业人力资源管理实践的特征。又次，又进一步分析国内外企业人力资源管理实践的影响因素、采用人力资源管理系统的决定性因素。最后，对人力资源管理系统与企业绩效关系进行了梳理。同时，也对现有研究成果的不足和未来的研究方向进行了简要的总结。

第三章　京津冀协同发展现状与评价

第一节　京津冀协同发展现状

一、京津冀产业协同现状分析

1. 经济实力不均衡

　　表 3.1 选取年 GDP、人均 GDP、工业总产值、财政收入及其各项指标的平均值来衡量京津冀地区经济的总体发展状况。从年 GDP 总量上来看，京津冀各地区两极分化严重，北京年 GDP 总量第一，天津第二，二者 2016 年的年 GDP 均在 10000 亿元以上，河北省内唐山、石家庄的年 GDP 较高，均在 5000 亿元以上，而排名最后的衡水仅超过 1400 亿元，总体来看，年 GDP 最高的北京是年 GDP 最低的衡水的 18 倍，河北省内年 GDP 最高的唐山则是省内年 GDP 最低的衡水的 4.47 倍。在人均 GDP 上，依然是北京排名第一，天津排名第二，从河北省内来看，唐山和秦皇岛的人均 GDP 较高，邢台最低，其中北京和唐山分别是邢台人均 GDP 的 4.37 倍和 3.00 倍。另外，京津冀各地工业总产值的差距也比较大，天津第一，北京第二，唐山第三，石家庄第四，分别是最后一位张家口工业总产值的 21.81 倍、14.39 倍、7.93 倍、7.68 倍。人均工业总产值中，天津第一，北京第二，唐山第三，石家庄第四，分别是最后一位张家口人均工业总产值的 9.87 倍、4.99 倍、4.91 倍、3.48 倍。再来看财政收入，北京第一，天津第二，二者财政收入依然远高于河北省内

所有的城市，河北省内石家庄排第一，唐山排第二，承德排名最低。人均财政收入中，排名前两位的北京和天津同样远远高于河北省内其他城市，河北省内排名前两位的廊坊和唐山均超过 4500 元，而邢台仅 1400 元有余，可见京津冀各地区间存在一定差距。

表 3.1　2016 年京津冀主要经济指标比较

城市	年 GDP（亿元）	人均 GDP（元）	工业总产值（万元）	人均工业总产值（元）	财政收入（万元）	人均财政收入（元）
北京	25669.13	118198	180872720	133584	50812595	37528
天津	17885.39	115053	274016801	264495	27235000	26289
石家庄	5927.73	55177	96447877	93367	4107238	3976
唐山	6354.87	81239	99676824	131673	3550699	4690
秦皇岛	1349.35	73755	14388887	48447	1160083	3906
邯郸	3361.11	35265	50550724	48052	2045018	1944
邢台	1975.75	27038	29336505	37419	1114802	1422
保定	3477.13	29992	47215014	40738	2400998	2072
张家口	1465.99	33142	12565834	26793	1416970	3021
承德	1438.57	40741	17438834	45532	821331	2144
沧州	3544.68	47425	56908888	73242	2203968	2837
廊坊	2720.46	58972	37918713	81546	3387244	7284
衡水	1420.18	31955	17932880	39500	957247	2108

资料来源：《河北经济年鉴》（2017）、《中国城市统计年鉴》（2017）、《北京经济年鉴》（2017）、《天津经济年鉴》（2017）。

总体来看，京津冀地区区域间的经济差异较为明显，且经济发达地区与不发达地区在总体经济实力上差距较大。综合各方面经济指标来看，北京和天津是京津冀地区经济发展最好的两个城市，其发展程度远远高于河北省其他城市。就河北省内城市来说，石家庄和唐山经济各方面发展程度比较好，邢台等地区经济发展相对落后。

接下来，选取 2006~2016 年人均 GDP 指标进一步探索京津冀地区经济差异的特征。可以看出，京津的人均 GDP 数值远远高于冀，并且在表 3.2 中，将河北省 GDP 最高值和最低值加粗，可以发现 2006~2016 年河北省经济发展好的地区与差的地区的差距较大。

表 3.2 2006~2016 年京津冀人均 GDP

单位：元

年份 地区	2006	2007	2008	2009	2010	2011	2012	2013	2014	2015	2016
北京	52964	61470	66098	68406	75573	83547	89778	97178	102869	109603	118198
天津	42672	48591	59463	63453	74048	86518	94741	101824	107078	109916	115053
河北省	16694	23163	23164	24502	28808	34151	36804	38168	40260	40551	43062
石家庄	20893	24136	28828	30374	33915	39919	43552	48491	48970	51043	55177
唐山	32225	37615	47914	51055	59389	71565	76643	82831	80450	78398	81239
秦皇岛	19036	23330	27353	27016	31182	35691	37804	39889	39282	40746	73755
邯郸	15590	18360	22577	22698	26143	30270	32650	30800	32943	33450	35265
邢台	11563	12938	14264	15114	17189	20027	21361	21030	22758	24256	27038
保定	11110	12669	14472	15704	18451	21796	24053	24951	26501	29067	29992
张家口	11583	13495	17102	18897	22517	25649	28139	28201	30540	30840	33142
承德	12700	16345	20986	22083	25699	31705	33791	33653	38128	38505	40741
沧州	18601	21149	24592	25626	31091	36053	38949	39960	42676	44819	47425
廊坊	18246	21759	25630	27839	31844	36773	40598	46046	48407	54460	58972
衡水	12900	13106	14809	15148	18076	21334	23101	23889	26022	27543	31955

资料来源：《河北经济年鉴》(2007~2017)，《北京经济年鉴》(2017)、《天津经济年鉴》(2017)。

进一步来看，2006~2016 年京津冀各地区经济均呈上升趋势，但增长量有所差异。北京和天津的增长量最大，唐山、秦皇岛的增长量相似，仅落后于京津，邯郸、邢台、保定、衡水的增长量最小。这说明京津冀经济发达地区的经济增长量大于经济不发达地区，这将导致区域间经济发展不平衡程度越来越严重。

2. 存在产业结构趋同现象

从京津冀各市三大产业构成和从业人员比重对比分析（见表 3.3）可以看出，北京以第三产业为主，达到产业结构高级阶段，其余各市的三大产业构成类似，以第二产业为主，第一产业所占比重不大，第三产业所占比重仍有待提高。尽管津冀地区产业结构趋向合理的方向发展，但区域内传统农业、传统工业、传统服务业比重较大，亟待改造升级。制造业在津冀各市的产业结构中仍占有较大比重，而新兴的高新技术产业（例如电子与信息技术）所占比重则较低。目前，农副食品加工业，石油加工、炼焦及核燃料加工业，

表 3.3　2016 年京津冀三大产业比较

单位：%

城市	第一产业比重	第二产业比重	第三产业比重	第一产业从业人员比重	第二产业从业人员比重	第三产业从业人员比重
北京	0.51	19.26	80.23	0.47	18.50	81.03
天津	1.23	42.33	56.44	0.30	47.67	52.04
石家庄	8.11	45.45	46.44	0.20	33.65	66.15
唐山	9.43	55.07	35.50	2.01	46.04	51.95
秦皇岛	14.52	34.73	50.75	0.13	34.06	65.81
邯郸	12.50	47.24	40.26	0.22	46.68	53.10
邢台	13.65	46.86	39.49	0.14	40.34	59.52
保定	13.02	48.37	38.61	0.10	52.28	47.63
张家口	18.15	37.32	44.53	1.20	26.52	72.28
承德	16.53	45.79	37.68	1.06	30.86	68.08
沧州	8.71	49.59	41.70	1.16	34.22	64.63
廊坊	7.33	44.07	48.60	0.17	44.42	55.41
衡水	12.98	47.06	39.96	0.39	33.65	65.96

资料来源：《中国城市统计年鉴》（2017）。

非金属矿物制造业，黑色金属冶炼及压延加工业是河北省制造业中的支柱行业。

表 3.4 为京津冀各市单位从业人员前七大行业的排序，可以发现近年来京津冀区域内部主导产业的选择存在一定程度上的产业趋同现象，就业人员主要集中在制造业、金融业以及交通运输、仓储和邮政业等几大行业。但各市内部产业结构不尽合理，合作不到位，缺乏长期统一的区域产业发展规划。产业趋同现象使得各市不能充分发挥自己的资源优势，而且竞相争夺资源和市场，降低了京津冀地区的整体效益。

表 3.4　2016 年京津冀单位从业人员前七大行业的排序

城市	第一位	第二位	第三位	第四位	第五位	第六位	第七位
北京	制造业	租赁和商业服务业	批发和零售业	信息传输、计算机服务和软件业	科学研究、技术服务和地质勘查业	交通运输、仓储和邮政业	金融业
天津	制造业	建筑业	批发和零售业	教育	公共管理和社会组织	金融业	交通运输、仓储和邮政业
石家庄	制造业	教育	公共管理和社会组织	建筑业	交通运输、仓储和邮政业	批发和零售业	卫生、社会保障和社会福利业
唐山	制造业	公共管理和社会组织	采矿业	教育	建筑业	交通运输、仓储和邮政业	卫生、社会保障和社会福利业
秦皇岛	制造业	公共管理和社会组织	教育	交通运输、仓储和邮政业	建筑业	金融业	卫生、社会保障和社会福利业
邯郸	制造业	建筑业	教育	公共管理和社会组织	采矿业	卫生、社会保障和社会福利业	交通运输、仓储和邮政业
邢台	制造业	公共管理和社会组织	教育	建筑业	卫生、社会保障和社会福利业	采矿业	电力、热力、燃气及水生产和供应业
保定	建筑业	制造业	教育	公共管理和社会组织	卫生、社会保障和社会福利业	科学研究、技术服务和地质勘查业	金融业
张家口	公共管理和社会组织	教育	制造业	卫生、社会保障和社会福利业	建筑	金融业	批发和零售业
承德	公共管理和社会组织	教育	制造业	建筑业	金融业	卫生、社会保障和社会福利业	交通运输、仓储和邮政业

城市	第一位	第二位	第三位	第四位	第五位	第六位	第七位
沧州	教育	公共管理和社会组织	制造业	建筑业	卫生、社会保障和社会福利业	金融业	采矿业
廊坊	制造业	公共管理和社会组织	教育	建筑业	卫生、社会保障和社会福利业	房地产业	金融业
衡水	教育	制造业	公共管理和社会组织	建筑业	卫生、社会保障和社会福利业	金融业	批发和零售业

资料来源：《中国城市统计年鉴》(2017)。

3. 固定资产投资不均衡

从表 3.5 可以看出，2009 年、2012 年、2016 年，固定资产投资较高的地区是京津以及冀较为发达的地区，如石家庄、唐山等地，这些地区固定资产投资增幅较大，而秦皇岛、衡水等落后地区固定资产投资少，而且投资增加

表 3.5　2009 年、2012 年和 2016 年京津冀固定资产投资情况

单位：亿元

城市	2009 年	2012 年	2016 年	固定资产投资在全省的位次变化
北京	4858.4	6462.8	8461.7	——
天津	2574.5	4464.9	9323.1	——
石家庄	2436.4	3728.6	5957.6	1-1-1
唐山	2182.6	3066.3	5036.3	2-2-2
秦皇岛	421.0	739.3	892.5	10-10-11
邯郸	1466.9	2383.6	3838.3	3-3-3
邢台	840.5	1257.8	2066.9	7-7-7
保定	1130.4	1987.7	2965.0	5-4-5
张家口	657.5	1184.4	1647.3	8-8-8
承德	567.2	1022.1	1632.8	9-9-9
沧州	1102.8	1950.1	3530.7	6-5-4
廊坊	1279.7	1314.1	2490.8	4-6-6
衡水	361.2	677.6	1255.2	11-11-10

资料来源：《河北经济年鉴》(2010、2013、2017)、《北京经济年鉴》(2017)、《天津经济年鉴》(2017)。

的幅度不大。由此可见，京津冀地区的经济发展水平不均衡。

纵向来看，2009 年固定资产投资最大的北京与最小的衡水差额为 4497.2 亿元，而到了 2016 年固定资产投资最大的天津与最小的秦皇岛差额达到 8430.6 亿元。由此来看，京津冀地区固定资产投资的差距有所增大。

二、交通协同现状分析

1. 公路网等级水平不均衡

截至 2016 年底，北京市公路通车总里程为 22026 千米，其中高速公路占比为 4.60%，一级公路占比为 6.38%；天津市公路通车总里程 16764 千米，其中高速公路占比为 7.21%，一级公路占比为 7.24%；河北省公路通车总里程达到 18.84 万千米，其中高速公路占比为 3.45%，一级公路占比为 2.95%。由以上数据可以看出，京津地区公路网等级较高，行车条件较好，但河北省存在运输供给能力不足、公路网等级偏低、行车条件需要改善等问题，交通运输能力水平不高会影响区际之间的联系，限制经济的增长。2007~2016 年，京津冀地区公路总里程逐步提高（见图 3.1），交通运输能力水平也逐年提高。2016 年京津冀公路总里程分别是 2007 年的 1.06 倍、1.45 倍、1.28 倍，可见天津的公路总里程数增长最快，交通运输能力提升最快。

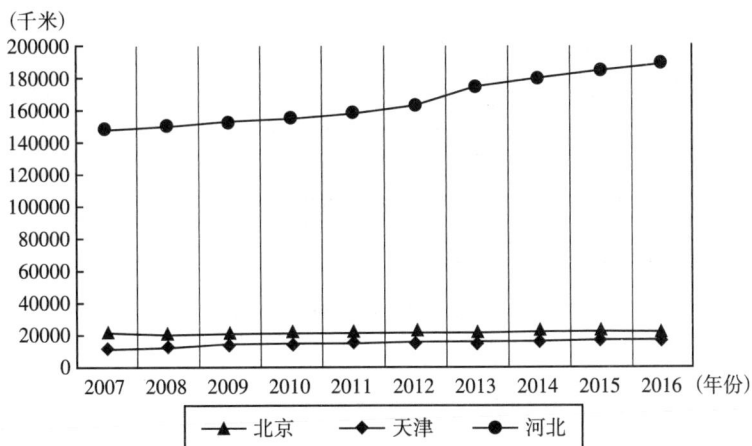

图 3.1　2007~2016 年京津冀公路里程数比较

资料来源：《中国城市统计年鉴》（2008~2017）。

2. 港口整体实力不强，发展速度不一

天津港位于海河入海口，处于京津冀城市群和环渤海经济圈的交汇点上，是中国北方重要的综合性港口和对外贸易口岸，是中国沿海主枢纽港和综合运输体系的重要枢纽，是京津冀现代化综合交通网络的重要节点和对外贸易的主要口岸。河北省地处环渤海中心区域，拥有长达487千米的海岸线，港口资源丰富，主要建立了秦皇岛港、黄骅港、唐山港，是河北省建设沿海强省的重要基础和平台。近年来，河北省港口发展迅速，但是，现有港口经营主体多、小、散、弱，而且与国际和国内先进港口相比，存在功能单一、结构不够合理、尚未形成整体合力等问题，对区域经济的拉动作用和战略导向还不明显。

通过对秦皇岛港、黄骅港、唐山港、天津港2012~2016年的港口设计吞吐能力、港口泊位数及万吨级泊位数的分析（见图3.2~图3.4），唐山港在港口设计吞吐能力、港口泊位数及万吨级泊位数方面均呈逐年上升趋势，且上升幅度较大；天津港、黄骅港三方面也均有上升，但上升幅度较小；秦皇岛港的港口泊位数有上升，但港口设计吞吐能力和万吨级泊位数没有明显变化。可见，唐山港由于曹妃甸港的兴建而迅速发展，而天津港、秦皇岛港和黄骅港的发展不大。

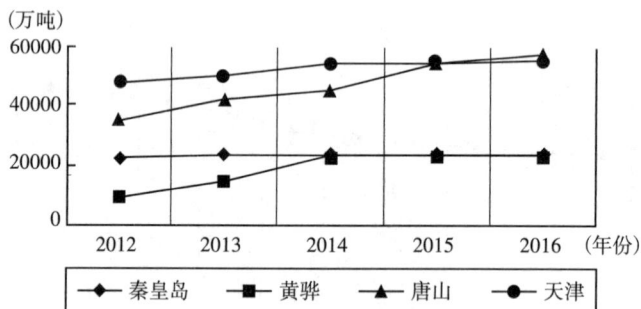

图 3.2　2012~2016 年京津冀沿海港口设计吞吐能力

资料来源：《河北经济年鉴》（2013~2017）。

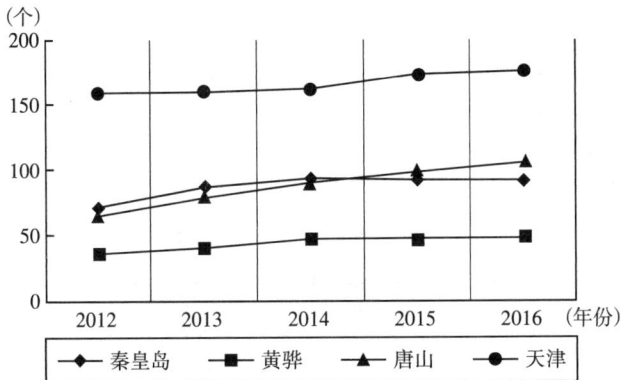

图 3.3　2012~2016 年京津冀沿海港口泊位数

资料来源:《河北经济年鉴》(2013~2017)。

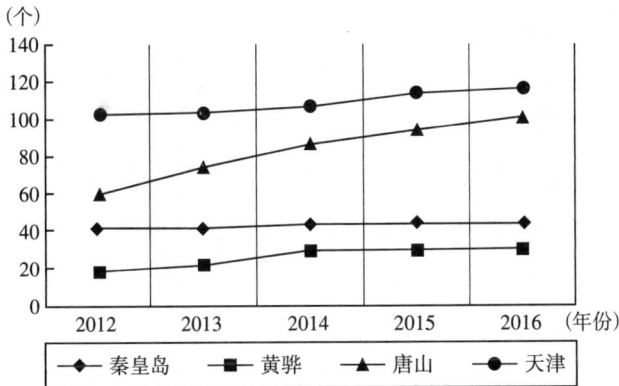

图 3.4　2012~2016 年京津冀沿海港口万吨级泊位数

资料来源:《河北经济年鉴》(2013~2017)。

三、生态协同现状分析

1. 人均耕地资源逐渐减少

耕地对国家粮食安全、经济社会可持续发展、社会稳定和生态环境保护意义重大,耕地对地区的经济发展起到基础支撑的作用。2011~2016 年,京津冀的人均耕地面积呈逐渐减少的趋势(见图 3.5),且北京的下降幅度较小,天津和河北的下降幅度较大。耕地减少主要是由于城市规模扩张过快过大,开发区建设失控,耕地利用不合理,非农业建设用地占据了大量耕地等原因造成的。

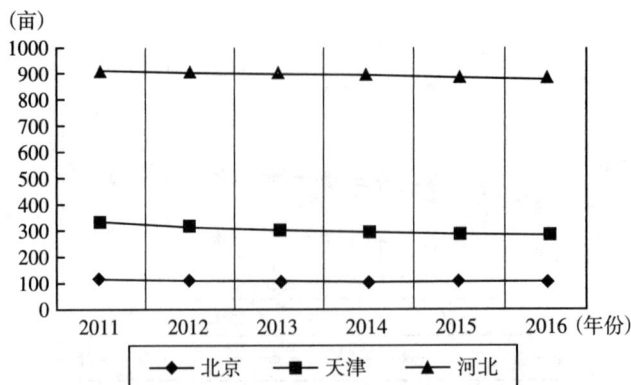

图 3.5 2011~2016 年京津冀人均耕地面积

资料来源：《中国城市统计年鉴》（2017）。

2. 发展过程中消耗大量的水资源

尽管近几年在京津冀各地的发展过程中，人均家庭生活用水量有所减少，但消耗的总量仍然很大。京津冀地区水资源严重不足，人均水资源量分别为 161.6 立方米、121.6 立方米、279.7 立方米，均低于全国水平——人均 2354.9 立方米，水资源缺乏已成为制约京津冀地区经济发展的因素之一。

由于资源禀赋和自然条件的差异，京津冀在资源分布上的条件各不相同，在一定程度上导致了区域间的发展不平衡。北京的旅游资源较为丰富，天津的海洋资源较为丰富，而河北的矿产资源、农业资源、森林资源等较为丰富。但是，京津冀各市在发展过程中，都耗费了大量的水资源和土地资源。如何保护好、开发好、利用好这些资源，对整个京津冀地区的发展都至关重要。近年来河北省各个城市环境有所好转，但是还面临着许多问题，仍影响着区域的协调发展水平。

工业废水排放量呈下降趋势。如图 3.6 所示，京津冀的工业废水排放量分别由 2011 年的 8633 万吨、19795 万吨、118505 万吨下降到 2016 年的 8515 万吨、18022 万吨、67790 万吨，河北省各市的工业废水排放量也呈逐年下降趋势。从各地区的情况来看（见图 3.7），2016 年，石家庄、唐山、邢台的排放量占全省的 52%，而其他各市排放量较小。可见，石家庄、唐山、邢台三市的水环境较为恶劣。

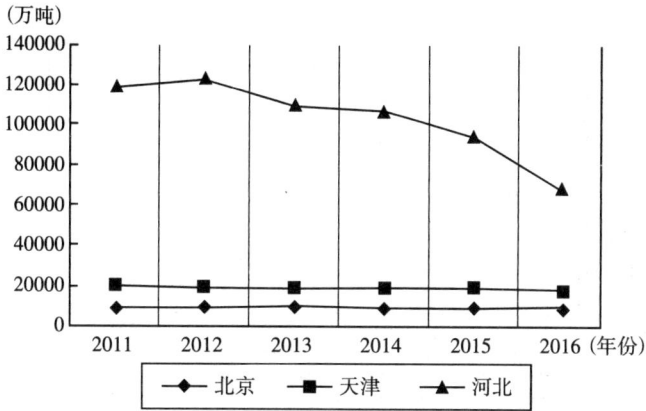

图 3.6　2011~2016 年京津冀工业废水排放量变化

资料来源：《中国城市统计年鉴》（2012~2017）。

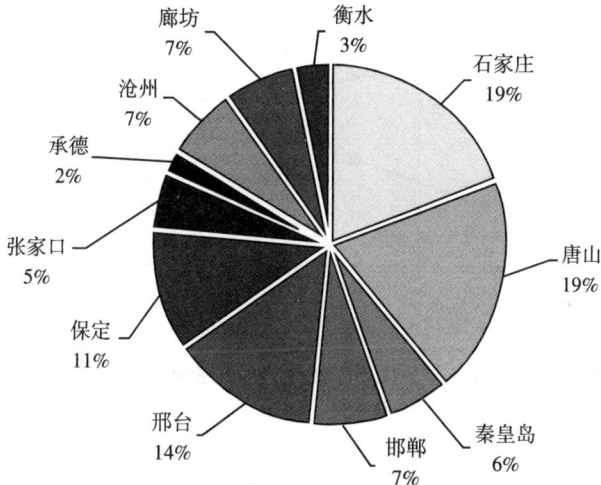

图 3.7　2016 年河北省各工业废水排放量

资料来源：《中国城市统计年鉴》（2017）。

　　2013~2016 年，京津冀地区二氧化硫、工业烟（粉）尘排放量整体呈下降趋势（见图 3.8~图 3.10），城市空气质量有所好转，但距达到城市功能区要求还有较大差距。以 2016 年河北省工业二氧化硫排放量为例（见图 3.11），唐山、石家庄、邯郸的二氧化硫排放量占当年河北省总排放量的 54%，是今后河北省空气整治的重点地区。

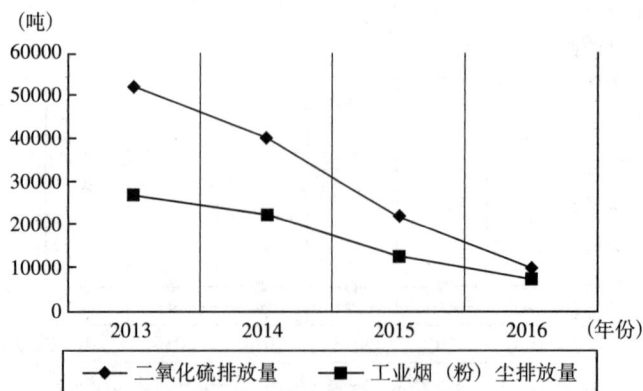

图 3.8　2013~2016 年北京市二氧化硫、工业烟（粉）尘排放量变化
资料来源：《中国城市统计年鉴》（2014~2017）。

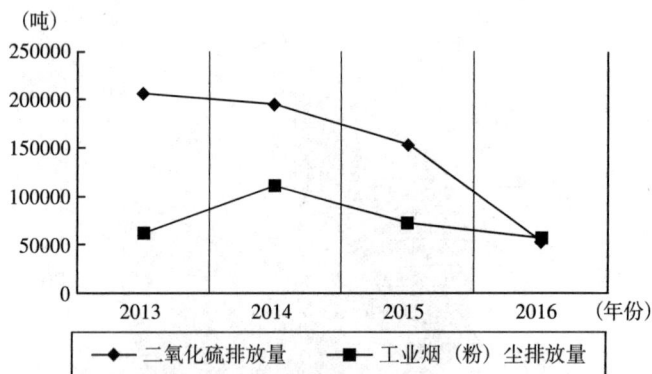

图 3.9　2013~2016 年天津市二氧化硫、工业烟（粉）尘排放量变化
资料来源：《中国城市统计年鉴》（2014~2017）。

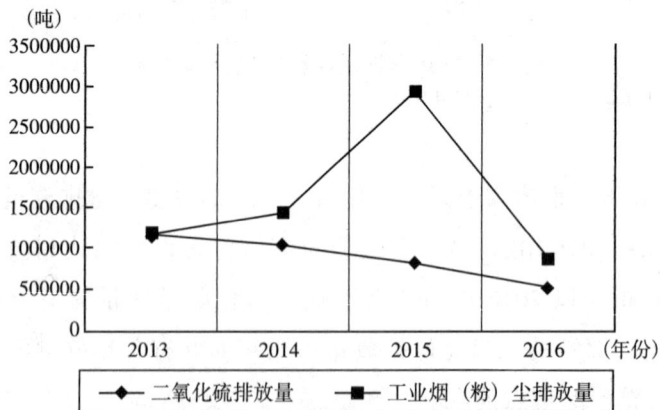

图 3.10　2013~2016 年河北省二氧化硫、工业烟（粉）尘排放量变化
资料来源：《中国城市统计年鉴》（2014~2017）。

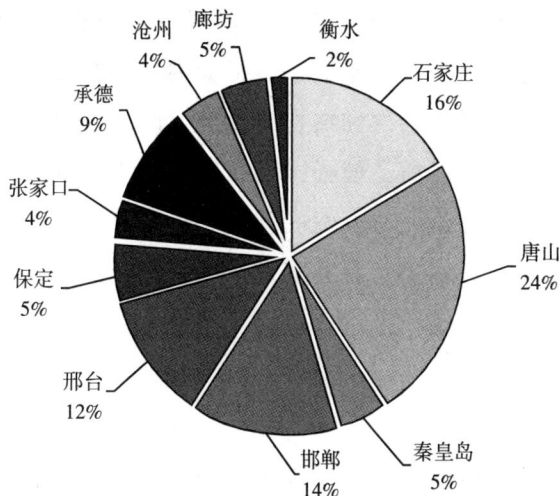

图 3.11 2016 年河北省各地区工业二氧化硫排放量

资料来源:《中国城市统计年鉴》(2017)。

综合来说，京津冀地区的生态环境状况不尽如人意，需要联防联控，拓展生态空间、扩大环境容量，构筑区域生态安全屏障。

第二节 京津冀协同发展评价指标构建

一、指标构建原则

1. 目的性原则

目的性原则是指对于不同的问题和目的，根据评估任务的需求，建立不同涵盖范围的指标体系。这是设计指标体系的基本点和出发点，是后续工作能够顺利、科学进行的前提保障。本书根据区域协调发展的定义和内涵，结合京津冀区域发展的实际情况和本质特征，为了实现京津冀协调发展，确立自己的协调评价指标体系。

2. 科学性原则

科学性原则要反映评价对象的特征，要求指标的概念、计算方法、数据收集、包括范围、权重选择都必须有科学依据，这是确保评估合理的前提。科学性要同时确保指标分类有理论依据，指标内容和初步设计要全面。指标之间要有内在的逻辑关系，层次和结构应合理，既不能过多过细，使指标之间相互重叠，又不能过少过简，使指标信息遗漏。本书在设计京津冀协调发展指标时一方面以系统理论、协调发展理论、可持续发展理论以及现有指标体系为理论依据；另一方面要客观真实地反映京津冀经济、社会、资源、环境的发展水平、规模和速度，准确、全面、系统地反映出京津冀协调发展的内涵特征。

3. 适用性原则

适用性原则意味着指标体系的现实可行性，是确保评估顺利进行的重要基础。指标选择一是要从每个地区的具体情况出发，选择具有代表性的综合指标和主要指标，保证指标易于理解；二是指标体系要简单、明了，以避免过于烦琐影响评估的准确性，同时减少评估时间和成本；三是尽可能采用相对成熟和公认的指标，以便于评估结果的比较和应用。京津冀协调发展涉及的内容和方面非常多，为此，要根据评价目标选择关键问题关键指标，尽量采用综合性指标，指标的设计也要通俗、易懂。

4. 整体性原则

指标体系应真实、全面地反映评价对象的情况，既不能遗漏重要方面又不能过于冗余。京津冀区域协调发展评价指标体系是一个包含参与度、协同度、关联度、环境的复杂系统，这些子系统相互作用、相互影响。设计该指标体系时必须全面真实地反映这些子系统的基本特征。这些指标体系是一个有机整体，每个指标既相互独立又相互联系，形成一个评价系统。

5. 可行性原则

可行性原则是确保评价顺利进行的关键，要保证指标的可比可量性。可比性是指标可以进行纵向和横向比较，通过时间上的可比反映事物的发展规律，通过空间的可比反映各地区间的优势和缺陷。可量性一是要求定性指标可以间接测量，二是定量指标直接量化，无法量化或数据不易获得的指标可暂时不列入指标体系。数据的统计口径、含义、适用范围要相同，所需数据容易统计，计算方法容易掌握。

6. 政策性原则

国家和地方政府的政策虽然时效性较强，但对于协调发展的关键问题和发展目标具有非常重要的作用。综合评价京津冀协调发展，不仅要考虑京津冀境内各地区的情况，还要考虑京津冀以外、特别是全国的形势。在设计京津冀协调发展指标时，要将这些政策考虑进来，跟踪区域发展政策，反映政策的效应情况。

7. 独立性原则

指标的独立性指设计的指标体系必须尽可能地相互独立，不同的指标至少代表的含义是不相关的。各指标之间相关性不应很强，指标的内涵不应重叠。同一类指标中的具体指标应尽可能地选取不同含义的指标，不同类指标之间尽可能独立。这样可以避免不同指标的交叉解释，对于实证计量分析来说，可以避免出现指标间的多重共线性问题。指标的独立性保证用最少的指标准确地对区域协调发展进行评价。

二、指标体系构建

本书构建了由主体参与性、系统协同度、网络关联度和环境支持度四部分所组成的京津冀协同发展评价指标体系。该评价指标体系的一级指标为主体参与性、系统协同度、网络关联度和环境支持度四个维度，二级指标共计18个。

根据埃茨科威兹（Henry Etzkowitz）教授所提出的三螺旋理论，经济社会内部创新的三大要素政府、企业和高校根据市场需求相互作用和影响，形成了三螺旋结构的创新模式，分别以政府科技支出、规模以上企业 R&D 投入和技术市场成交额来衡量政府、企业和高校三种创新主体在京津冀协同发展过程中的主体参与性。

京津冀协同发展体系是一个多元主体构成的复杂网络结构，各个主体通过各种途径互动协同，促进系统的协同发展，加速人才、资金、信息、知识、技术等要素流动，实现整体的系统共享。系统协同能力是京津冀协同发展的重要推动力量，是系统内部有序和涨落的关键因素，因此京津冀协同发展系统的评价体系应该有政府、高校、科研机构和企业相互支持的指标，本书选用 R&D 经费支出、R&D 人员全时当量及创新产出即新产品销售收入和专利申请数等指标来衡量。

协同主体要素与外界的资金、技术和信息等资源的交换，使系统朝着有序化的方向发展，最大限度地提高了协同系统的整体效率、协同发展体系与外界的交流及协同主体之间的相互作用，用反映协同发展体系对经济社会的影响和即经费支持合作与购买专利技术等指标来体现，本书选用了规模以上企业购买国内技术费用、R&D 经费对国内企业的支出、政府资金对规模以上企业的 R&D 经费支出、规模以上企业对境内高校的经费支出、规模以上企业对研究机构的经费支出及企业资金对高校的支出 6 个指标来体现。

环境支持度是指在协同发展过程中，影响协同发展主体的各种外部因素的总和，主要包括国家对协同发展战略与规划，国家的经费投入力度以及社会对创新行为的态度等；环境是协同发展所必须的，在环境中能否得到技术诀窍、地方性联系和地方性投入，是否接近市场，是否有科研机构做支撑，都是决定地方创新性的因素，因此本书选用人均 GDP、外商投资、固定资产投资总额、高校研究所数量、教育经费支出占财政支出比重 5 项指标来衡量。具体测度指标如表 3.6 所示。

表 3.6　京津冀协同发展指标评价体系

一级指标	二级指标
主体参与性	政府科技支出（亿元）
	规模以上企业 R&D 投入（万元）
	技术市场成交额（万元）
系统协同度	R&D 经费支出（万元）
	R&D 人员全时当量（人年）
	新产品销售收入（万元）
	专利申请数（件）
网络关联度	规模以上企业购买国内技术费用（万元）
	R&D 经费对国内企业的支出（万元）
	政府资金对规模以上企业的 R&D 经费支出（万元）
	规模以上企业对境内高校的经费支出（万元）
	规模以上企业对研究机构的经费支出（万元）
	企业资金对高校的支出（万元）

一级指标	二级指标
环境支持度	人均 GDP（元）
	外商投资（亿美元）
	固定资产投资总额（亿元）
	高校研究所数量（个）
	教育经费支出占财政支出比重（%）

第三节　京津冀协同发展测度与评价

一、评价方法选择

1. 评价方法分析

协同发展评价分别是软评价和硬评价。其中，硬评价是一种用数据说话，较少带有个人主观色彩的方法，在事实数据之上，通过建立合适的模型，同时使用一些统计软件来研究、分析问题的方法。由于减少了个人经验和主观色彩的影响，所以具有较强的客观性和可靠性。只要是建立的模型以及数据没有错误，那么得出的结果也将是一样的。对于研究问题中出现的诸如数据繁多、计算复杂等问题，可以使用计算机进行测算，这样便可以提高工作效率，极大地减少人工的浪费。但是，这种方法在给人们带来便利的同时也有着自身的一些缺陷，比如，在采用这种方法时必须要保证数据的真实性，但是在某些研究需要添加人的发散思维的时候则不能体现出来，否则，将会对结果产生偏差。通常采用层次分析法、德尔菲法等。

软评价的方法较之硬评价的最大特点就是体现了人类主观性的特点，是建立在人类对于过去某些方面研究的经验来对目标进行考察与研究的方法，一般也被称为专家评价法。这种方法的好处在于可以根据专家的丰富阅历以及发散的思维，结合影响研究对象的多个方面，把想研究的问题研究得更加全面，减少由于硬性数据导致的结果偏差和片面性。在研究某类数据不是很完善的问题，或者对于某些特定的指标无法进行数据量化时，软评价则显示出了其独特的优点。但是，这种方法也存在自身的缺陷，由于人们的思维、方法不同，所以对于同一问题，不同的人就有着不同的观点，在进行一些重点项目的研究时要尽量扩大人群范围。通常采用因子分析法、积累分析法、熵权法等。

综合考虑评价方法的优缺点以及本书研究的问题的特点，本书选择采用熵权法对京津冀协同发展进行测度。

2. 熵权法概述

绩效综合评价方法有多种，通常所采用的经营绩效综合评价方法一般是利用各自设置的统计指标，首先确定不同指标的权重，其次对指标加权平均，最后计算出综合考评总分。而在确定指标权重时，主要是根据评价者的主观看法，存在一定的主观性。而且尽管权重是按重要性给出，但由于没有充分考虑各指标提供的信息量，人为地给出的权重显然缺乏客观的科学依据，因而势必会导致对某一指标过高或过低的估计，使评价不能完全真实地反映效率。因此，寻找一种客观科学的经营绩效评价方法就显得十分必要。而熵权法正是一种科学客观的评价方法。

"熵"（Entropy）源自希腊语，表示变化的容量。1865年由德国物理学家克劳修斯（K.Clausius）在研究热循环时创立。1948年，维纳（N.Wiener）和申农（C.E.shannon）创立了信息论，申农把通信过程中信息源的信号的不确定性称为信息熵。因此，在以后的研究中，人们一般认为"熵"的概念源于热力学，用来描述分子或离子运动的不可逆现象。熵权法是根据各个评价指标所提供的有效信息量对其进行客观赋权的方法，用熵权法确定各指标权重，有效地避免了评价过程中人为因素的干扰，使评价结果更为客观、准确。

熵权法是用于评价多指标综合的常用方法，它基于客观原始的数据信息，通过对各指标之间提供的信息量及各指标之间的关联程度分析，科学地、客观地为各指标赋权，从而减少赋权过程中主观因素造成的偏差。其数学原理是：假设有M个地区N项评价指标，形成原始的数据矩阵 $X = (X_{ij}) m \times n$（$i = 1, 2, 3, \cdots, m; j = 1, 2, 3, \cdots, n$），对于某项指标 X_j，各指标的指标值

X_{ij} 差异越大，则该指标在综合评价中起的作用越大。运用熵权法进行综合评价的具体步骤如下：

（1）对原始数据进行归一化处理，消除单位和量纲不同带来的影响：

$$x_{ij}' = \frac{x_{ij} - \min(x_{ij})}{\max(x_{ij}) - \min(x_{ij})}$$

（2）计算 i 地区的第 j 个指标值的比重：

$$p_{ij} = \frac{x_{ij}'}{\sum_{i=1}^{m} x_{ij}'}$$

（3）计算第 j 项指标的熵值 e_j 和变异系数 g_j：

$$e_j = -\frac{1}{\ln m} \sum_{i=1}^{m} p_{ij} \ln p_{ij}, \quad g_j = 1 - e_j$$

在信息论中，熵值 e_j 表示系统的有序程度，其值越大，系统的有序性越高，反之，系统的无序性越高，则熵值越小。故定义差异系数 $g_j = 1 - e_j$，其值越大表明系统的无序性越高，相应的指标在综合指数中的比重越大。

（4）定义权数：

$$w_j = \frac{g_j}{\sum_{i=1}^{n} g_j}$$

（5）求得综合评价指标数值：

$$Fi_j = \sum_{i=1}^{n} w_j p_{ij}$$

二、测度结果

根据熵值赋权法，利用 2008~2017 年的《中国统计年鉴》w_i，计算出各维度历年的权重，如表 3.7 所示。

表 3.7　2007~2016 年各维度权重

年份	主体参与性	系统协同度	网络关联度	环境支持度
2007	0.300857	0.228530	0.344920	0.125693
2008	0.321118	0.232978	0.317543	0.128361

续表

年份	主体参与性	系统协同度	网络关联度	环境支持度
2009	0.318058	0.214962	0.341638	0.125342
2010	0.372665	0.223232	0.256612	0.147491
2011	0.343010	0.192875	0.314977	0.149138
2012	0.330259	0.181624	0.323006	0.165110
2013	0.368982	0.186437	0.257912	0.186669
2014	0.343632	0.155669	0.315950	0.184749
2015	0.333981	0.146911	0.297945	0.221163
2016	0.281911	0.129406	0.384209	0.204474

根据熵值赋权法计算原理，分别测算出 2007~2016 年京津冀三地四个维度的单项得分以及综合得分，并将各项得分及综合得分进行排序，具体如图 3.12 和表 3.8 所示。从总体的协同发展水平来看，北京的核心地位稳固，领先优势非常明显，天津、河北分列第二、第三位。北京地区远高于天津和河北，北京的综合得分位于 0.09~0.125，天津处于 0.02~0.028，河北处于 0.008~0.011，充分说明了北京作为京津冀地区核心城市的协同发展实力和总体水平与天津、河北处于不同的档次，核心地位十分突出。

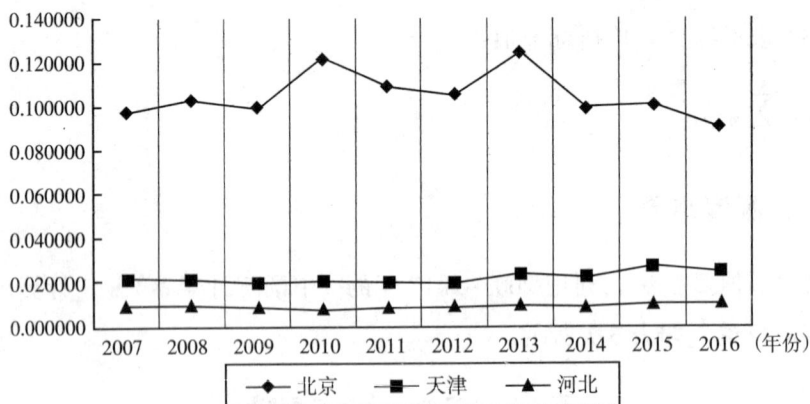

图 3.12　2007~2016 年京津冀协同发展综合得分

表 3.8　2007~2016 年京津冀协同发展各维度及综合得分

年份	地区	主体参与性	系统协同度	网络关联度	环境支持度	综合得分
2007	北京	0.219751	0.045568	0.052511	0.025776	0.097879
	天津	0.018039	0.028436	0.022074	0.021133	0.022196
	河北	0.004118	0.012104	0.012575	0.011760	0.009821
2008	北京	0.234704	0.040031	0.045472	0.025875	0.102455
	天津	0.020105	0.027094	0.018866	0.022635	0.021665
	河北	0.004027	0.011781	0.012692	0.013260	0.009770
2009	北京	0.233695	0.039510	0.037525	0.025776	0.098873
	天津	0.020128	0.025560	0.015491	0.024151	0.020216
	河北	0.003407	0.012249	0.009869	0.014637	0.008923
2010	北京	0.267546	0.038815	0.034753	0.028679	0.121518
	天津	0.020444	0.026411	0.012819	0.028520	0.021010
	河北	0.003454	0.012583	0.005398	0.017837	0.008112
2011	北京	0.258195	0.031280	0.031297	0.025869	0.108313
	天津	0.023433	0.019798	0.013207	0.027245	0.020079
	河北	0.003821	0.010867	0.008595	0.017246	0.008686
2012	北京	0.261254	0.024684	0.028505	0.026993	0.104429
	天津	0.024955	0.016004	0.013246	0.029096	0.020231
	河北	0.004237	0.009552	0.006016	0.019973	0.008375
2013	北京	0.290745	0.025609	0.024938	0.030851	0.124245
	天津	0.028574	0.016427	0.016290	0.033214	0.024007
	河北	0.003561	0.009964	0.007656	0.024011	0.009628
2014	北京	0.240418	0.019736	0.026536	0.028508	0.099338
	天津	0.030074	0.012977	0.014898	0.031179	0.022822
	河北	0.002501	0.008037	0.007729	0.023824	0.008954
2015	北京	0.246269	0.022214	0.024354	0.035502	0.100620
	天津	0.036285	0.016299	0.016293	0.036837	0.027514
	河北	0.003166	0.010321	0.006941	0.027787	0.010787
2016	北京	0.227079	0.019263	0.043909	0.033913	0.090314
	天津	0.032070	0.010488	0.018995	0.034281	0.024706
	河北	0.003618	0.007357	0.008943	0.025814	0.010686

三、结果分析

（1）从主体参与性来看，北京主体参与度最强，天津次之，河北最后（见图 3.13）。

从主体参与性得分来看，北京大幅领先天津和河北，虽然历年得分有所波动，但是仍处在 0.2~0.3；天津主体参与性得分近十年有小幅增长趋势，处于 0.018~0.037；河北主体参与性得分远落后于北京和天津，呈现出平稳波动的变化趋势，处于 0.0025~0.0043。说明天津和河北未来的协同发展仍需要提高主体参与性。

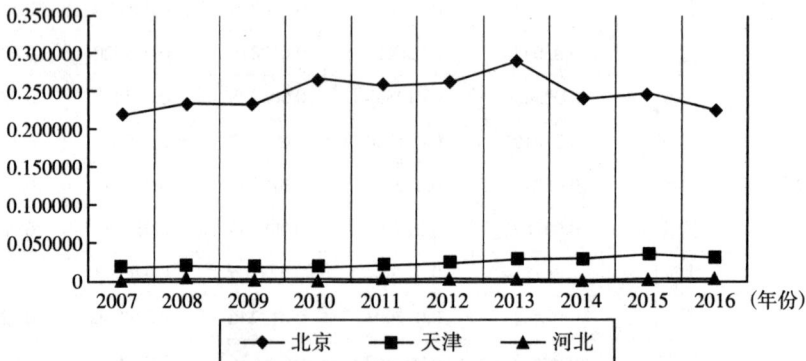

图 3.13　2007~2016 年京津冀协同发展主体参与性

（2）从系统协同度来看，北京处于领先位置，天津次之，河北第三。京津冀三地的系统协同度总体上呈下降趋势，在 2014~2016 年，三地的差距越来越小（见图 3.14）。

从系统协同度指数得分来看，北京始终高于天津和河北。处于 0.019~0.046，在 2007~2012 年，北京的系统协同度指数呈现明显下降趋势，在 2013~2016 年又呈现出波动性降低的变化趋势；天津的系统协同度得分处于 0.01~0.029，在 2007~2012 年，天津的系统协同度指数呈现明显下降趋势，在 2013~2016 年也呈现出波动性降低的变化趋势；河北的系统协同度得分处于 0.007~0.013，近十年来呈现稳定的波动变化趋势。

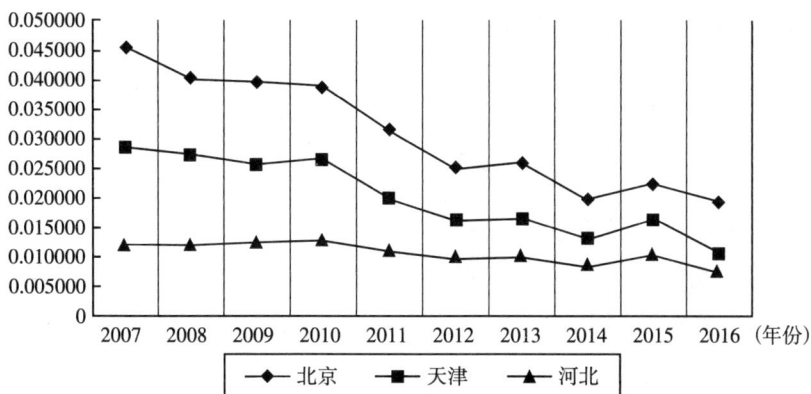

图 3.14　2007~2016 年京津冀协同发展系统协同度

（3）从网络关联度看，北京仍然保持第一，天津第二，河北最后（见图3.15）。

从网络关联度来看，北京的网络关联度得分处于 0.024~0.053，但是在 2007~2013 年呈现连续下降趋势，且变化幅度较大，在 2014 年有小幅上升后又于 2015 年小幅下降，但在 2016 年又有大幅增加趋势；天津的网络关联度得分处于 0.012~0.023，在 2007~2010 年，呈现持续降低趋势，2011~2013 年有小幅上涨后又在 2014 年出现下降变化，在 2015~2016 年又呈现连续上升趋势；河北的网络关联度得分位于 0.005~0.013，在 2007~2010 年，也呈现持续降低趋势，在 2011 年呈现上升趋势后，在 2012~2015 年又呈现稳定波动变化

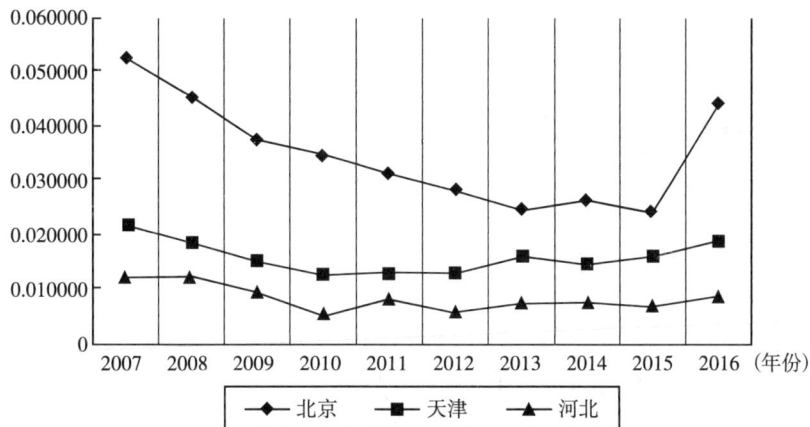

图 3.15　2007~2016 年京津冀协同发展网络关联度

趋势，在 2016 年呈现出上升趋势。

（4）从环境支持度来看，北京协同发展的环境支持度较为稳定，天津和河北有显著增长。三地环境支持度的变化趋势基本一致。在 2007~2010 年逐步上升，但是在 2011 年均出现下降趋势，在 2012~2013 年小幅增长后，2014~2016 年又呈现波动变化。在 2007~2010 年北京位于第一，而在 2011~2016 年，天津超过北京居于第一，但河北始终居于第三位置（见图 3.16）。

从环境支持度的得分来看，北京在 2007~2009 年基本不变，在 2010~2016 年出现波动性变化，但 2016 年与 2007 年相比，得分仍有小幅增加；天津在 2007~2010 年保持稳步增长后，在 2011 年虽有所下降但是仍超过北京位于第一，在 2012~2013 年小幅增长后，2014~2016 年又出现波动变化；河北的环境支持度得分变化趋势与天津的变化趋势相同，但始终居于第三位置。

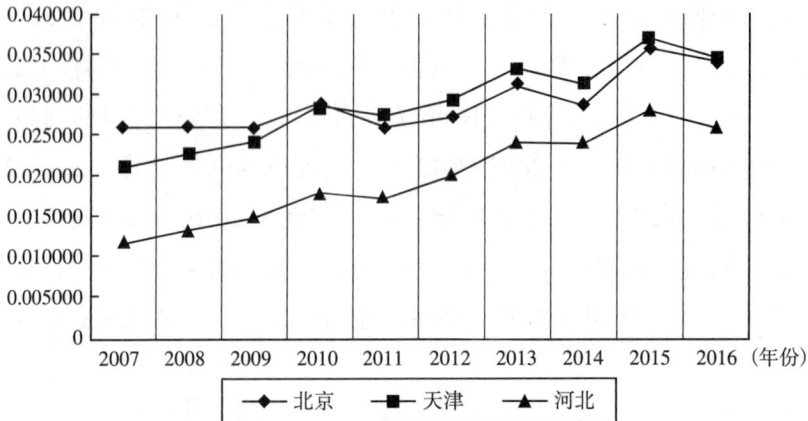

图 3.16　2007~2016 年京津冀协同发展环境支持度

四、京津冀协同发展综合排序

本书选取京津冀三个地区作为评价对象，用 VIKOR 进行测度，定为 $p_1 =$ 北京，$p_2 =$ 天津，$p_3 =$ 河北。

1. 数据预处理

将 $m = 3$，$n = 18$ 代入公式 $f_{ij} = x_{ij} / \sqrt{\sum_{i=1}^{m} x_{ij}^2}$，i = 1，2，…，m；j = 1，2，…，n。对所选取的三个地区的原始数据进行标准化处理。

2. 计算正理想值与负理想值

即找出备选地区协同发展各指标的最大值与最小值。

$$f_i^* = [\max_j f_{ij} | i \in I_1, \ \min_j f_{ij} | i \in I_2] \ \forall \ i \tag{3.1}$$

$$f_i^- = [\min_i f_{ij} | j \in J^+, \ \max_i f_{ij} | i \in I_2] \ \forall \ i \tag{3.2}$$

式中，f_{ij} 是第 j 个备选地区创新治理指数指标经标准化后第 i 个指标的评估值，f_i^* 为备选地区创新治理指数第 i 个指标的最大值，f_i^- 为备选地区创新治理指数第 i 个指标的最小值。

3. 计算协同发展的 S_j 和 R_j

$$S_j = \sum_{i=1}^{n} w_i \frac{f_i^* - f_{ij}}{f_i^* - f_i^-} \ \forall \ j \tag{3.3}$$

$$R_j = \max \left[w_i \frac{f_i^* - f_{ij}}{f_i^* - f_i^-} \right] \ \forall \ j \tag{3.4}$$

S_j 表示第 j 个地区协同发展指标的评估值到正理想解的加权距离；R_j 表示第 j 个地区协同发展指标的评估值到负理想解的加权距离；w_i 表示各指标的权重，由式（3.3）和式（3.4）求出 2007~2016 年京津冀三个地区相应的 S_j 和 R_j 的值，如表 3.9 所示。

表 3.9　2007~2016 年京津冀协同发展综合评价值排序

年份	地区	北京	天津	河北
2007	S_j	0.121213	0.801954	0.856570
	排序	（1）	（2）	（3）
	R_j	0.073390	0.205538	0.219720
	排序	（1）	（2）	（3）
2008	S_j	0.084693	0.7844	0.848249
	排序	（1）	（2）	（3）
	R_j	0.029365	0.205518	0.220817
	排序	（1）	（2）	（3）
2009	S_j	0.057005	0.775383	0.888993
	排序	（1）	（2）	（3）
	R_j	0.030367	0.206466	0.222579
	排序	（1）	（2）	（3）

年份	地区	北京	天津	河北
2010	S_j	0.06555	0.683394	0.810739
	排序	（1）	（2）	（3）
	R_j	0.032932	0.215658	0.230434
	排序	（1）	（2）	（3）
2011	S_j	0.107392	0.687084	0.743443
	排序	（1）	（2）	（3）
	R_j	0.039186	0.20321	0.220112
	排序	（1）	（2）	（3）
2012	S_j	0.099827	0.651832	0.734811
	排序	（1）	（2）	（3）
	R_j	0.039323	0.198434	0.215772
	排序	（1）	（2）	（3）
2013	S_j	0.100629	0.577173	0.648067
	排序	（1）	（2）	（3）
	R_j	0.043719	0.200125	0.219131
	排序	（1）	（2）	（3）
2014	S_j	0.18855	0.684122	0.648611
	排序	（1）	（3）	（2）
	R_j	0.066788	0.183362	0.207334
	排序	（1）	（3）	（2）
2015	S_j	0.104842	0.554304	0.679006
	排序	（1）	（2）	（3）
	R_j	0.047675	0.168758	0.195292
	排序	（1）	（2）	（3）
2016	S_j	0.113102	0.669665	0.711007
	排序	（1）	（2）	（3）
	R_j	0.054027	0.169336	0.194006
	排序	（1）	（2）	（3）

4. 计算协同发展的 VIKOR 值 Q_j

$$S^* = \min_j S_j, \quad S^- = \max_j S_j, \quad R^* = \min_j R_j, \quad R^- = \max_j R_j$$

$$Q_j = v \times \frac{S_j - S^*}{S^- - S^*} + (1 - v) \times \frac{R_j - R^*}{R^- - R^*} \quad \forall j \tag{3.5}$$

式中，Q_j 表示第 j 个备选地区协同发展的 VIKOR 值，S^* 为协同发展群体最大效用，R^* 为协同发展群体最小遗憾，v 为最大群体效用权重，为了同时追求协同发展群体效用最大化和个别遗憾最小，式中设 $v = 0.5$，由式（3.5）计算出 Q_j 的值，如表 3.10 所示。

表 3.10　2007~2016 年京津冀地区协同发展 VIKOR 值及排序

年份	地区	北京	天津	河北
2007	Q_j	0	0.9144	1
	排序	(1)	(2)	(3)
2008	Q_j	0	0.9182	1
	排序	(1)	(2)	(3)
2009	Q_j	0	0.8898	1
	排序	(1)	(2)	(3)
2010	Q_j	0	0.8771	1
	排序	(1)	(2)	(3)
2011	Q_j	0	0.9090	1
	排序	(1)	(2)	(3)
2012	Q_j	0	0.8855	1
	排序	(1)	(2)	(3)
2013	Q_j	0	0.8811	1
	排序	(1)	(2)	(3)
2014	Q_j	0	0.9147	0.9642
	排序	(1)	(2)	(3)
2015	Q_j	0	0.8015	1
	排序	(1)	(2)	(3)
2016	Q_j	0	0.8773	1
	排序	(1)	(2)	(3)

5. 协同发展评价值排序

（1）$Q^2 - Q^1 \geq 1/(J-1)$，式中 Q^1 表示对备选地区协同发展进行 Q 值排序后，排名第 1 位的地区的 Q 值；Q^2 表示对备选地区协同发展进行 Q 值排序后，排名第 2 位的地区的 Q 值；J 表示所有备选地区数；$1/(J-1)$ 表示可接受的门槛值。即只有当排序数相差 1 位的两个备选地区协同发展的 Q 值的差值大于 $1/(J-1)$ 时，才能确定排名第 1 的地区协同发展显著高于排名第 2 的企业。若有多个备选地区，则需要将排名第 1 的地区与排名后几位的地区进行一一比较。

（2）对 Q 值进行排序后，协同发展排名第 1 地区的 S 值须同时大于排名第 2 地区的 S 值，即 $S^2 > S^1$；或协同发展排名第 1 地区的 R 值须同时大于排名第 2 地区的 R 值即 $R^2 > R^1$；若有多个备选地区，则需要将排名第 1 的地区与排名后几位的地区进行一一比较。

判断法则：如果排序第一的方案和排序第二的方案彼此之间的关系同时符合条件 1 和条件 2，则确定排序第一的方案为最佳方案；如果排序第一的方案和排序第二的方案彼此之间的关系只符合条件 2，则同时确定排序第一的方案和排序第二的方案为最佳方案；如果排序第一的方案和其他几个方案之间的关系均不符合条件 1，只符合条件 2，则同时确定那些不符合条件 1 的方案为最佳方案。

根据上述两个法则对京津冀三个地区进行排序，最终得到它们的创新治理指数排序结果：

$p_1 > p_2$，p_3

即北京是经过妥协后协同发展相对最强的地区，而天津和河北创新治理指数相当。

综上所述，京津冀三地之间的协同发展不平衡，呈现北京独占鳌头，津冀落后追赶的状态。协同发展的各维度权重不平衡，协同发展各维度与协同发展综合指标之间呈现非同步性特征。主体参与性和网络关联度对协同发展过程、结果形成直接作用的维度权重较高；系统协同度和环境支持度形成协同发展体系外围环境并间接影响创新治理指数的维度权重较低。

影响协同发展能力不同可能的原因：其一，不同地区的创新基础和经济发展水平具有差异性和不平衡性。与天津和河北地区相比，北京地区经济基础好，高校和科研机构较多，为协同发展奠定了人才和知识创新的基础。其二，地区自身发展的主客观原因。如受到地理区位的影响，在人才引进、招商引资和产业结构优化调整中受到地区本身的限制，为协同发展增加了难度。

第四节　本章小结

本章首先分析京津冀协同发展现状，主要从产业协同、交通协同和生态协同三方面进行分析，这是京津冀协同发展率先突破的三方面。综合来看，京津冀协同发展仍不均衡，河北距离京津仍有差距，并且，生态环境状况仍不尽如人意；此外，对经济协同发展进行综合性的定理分析，依据综合性评价指标构建原则，从主体参与性、系统协同度、网络关联度和环境支持度四个一级指标构建京津冀协同发展评价指标体系，随后用熵权法和 VIKOR 法进行测度，结果表明京津冀协同发展不均衡，并且，各维度的影响力大小不一，其中，主体参与性和网络关联度影响力度较大，系统协同度和环境支持度影响力度较小。

第四章　京津冀人力资源发展现状与评价

第一节　京津冀人力资源特征分析

一、京津冀人力资源数量分析

1. 京津冀人口规模

如图 4.1 所示，2007~2016 年，京津冀人口规模不断上升，北京常住人口数量增长了 496.9 万人，天津常住人口数量增加了 447.12 万人，河北常住人口数量增长了 527 万人。从人口增长率来看，北京的年均增长率在 4% 左右，天津的年均增长率在 2% 左右，河北的年均增长率在 6% 左右。三地人口数量保持持续增长，为京津冀协同发展提供了基本的人力资源数量支持。

由从业人员占比来看（见表 4.1），2012~2016 年，京津冀全社会从业人员数量增长幅度明显，社会就业人口呈现出上升趋势，由此说明三地存在较为丰富的劳动力资源，三地中，天津人数最少，北京居中，河北省从业人员数量显著高于京津两地。三地的从业人员所占其总人口的比重基本在 55% 左右，三地相差不大，并且，近五年来从业人员占比稳定，未出现大幅度的增加或减少，保证了京津冀协同发展持续的人力资源需求。

（万人）

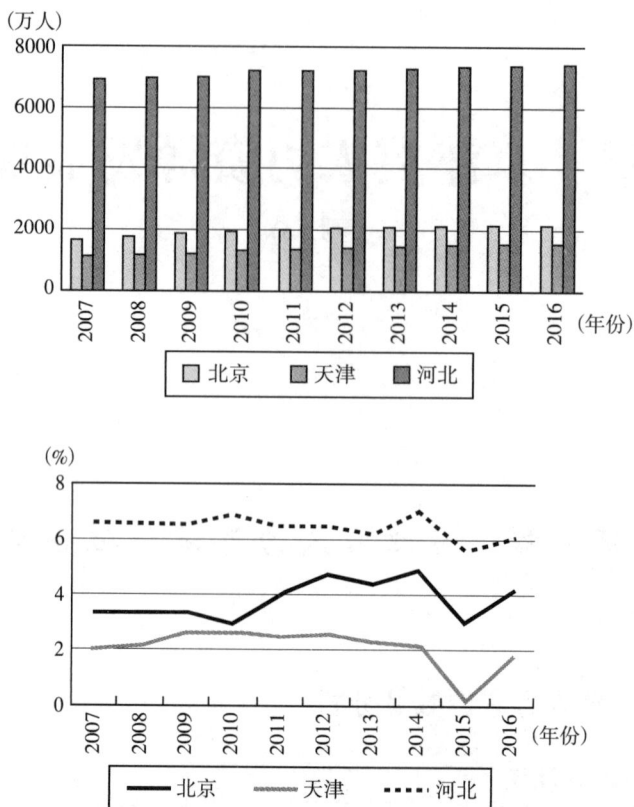

图 4.1　2007~2016 年京津冀常住人口规模及增长率

资料来源：《中国统计年鉴》（2008~2017）。

表 4.1　2012~2016 年京津冀全社会从业人员及其占比

年份	全社会从业人员（万人）			从业人员占比（%）		
	北京	天津	河北	北京	天津	河北
2012	1107.3	803.14	4085.74	53.51	56.83	56.06
2013	1141.0	847.46	4183.93	53.95	57.56	57.05
2014	1156.7	877.21	4202.66	53.75	57.83	56.91
2015	1186.1	896.80	4212.50	54.64	57.97	56.73
2016	1220.1	902.42	4223.95	56.15	57.76	56.54

资料来源：《中国统计年鉴》（2013~2017）。

2. 京津冀人口年龄构成

由图 4.2 可知，京津冀三地中均是 15~64 岁人口比重最大，均超过了

70%，北京和天津接近，河北比重最低，河北的劳动年龄人口所占比重相对北京和天津来说较少的原因可能是因为京津两地吸引了大量适龄从业人员。65 岁以上的老年人在三地所占比重非常接近，京津冀的老龄化程度相同。

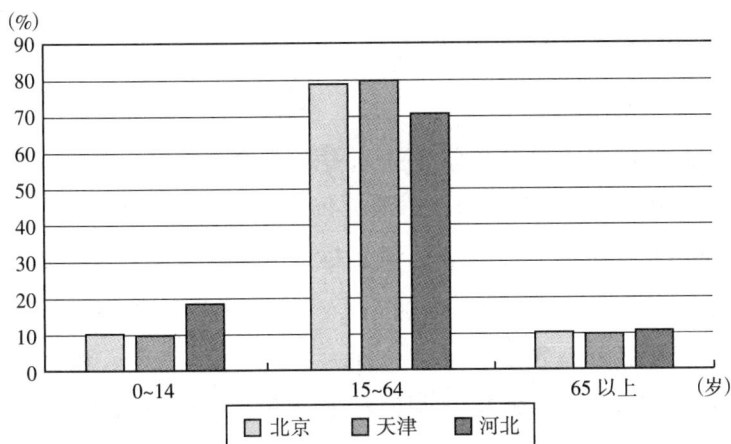

图 4.2　2016 年京津冀人口年龄组成

资料来源：《中国统计年鉴》(2017)。

从京津冀劳动年龄人口所占总人口比重来看（见图 4.3），2012~2016 年，北京、河北均有所下降，天津自 2014 年后比重有所上升，可能的原因在于河北由于毗邻京津，是三地中的经济洼地，一定程度上导致河北的适龄劳动力流向京津两地。以非劳动年龄人口数与劳动年龄人口数之比来衡量人口抚养比，从图 4.3 中可以看出河北的人口抚养比最高，北京和天津人口抚养比相

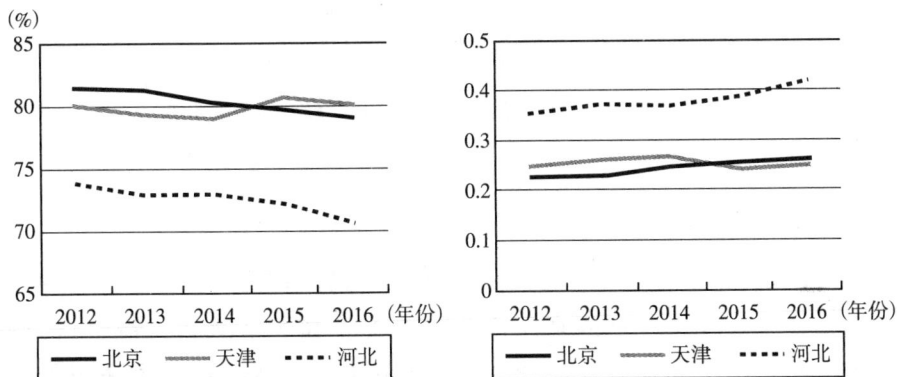

图 4.3　2012~2016 年京津冀劳动年龄人口所占总人口比重和人口抚养比

资料来源：《中国统计年鉴》(2013~2017)。

对较低。当人口抚养比较低时，可以为经济发展创造比较有利的人口条件；当人口抚养比很高时，就不存在人口红利，所以河北的人口抚养比较高，人口条件较差。

二、京津冀人力资源质量分析

1. 受教育程度

用每十万人口大学生在校学生数来看京津冀人力资源受教育程度（见图4.4），2012~2016年，北京、天津、河北每十万人口大学生在校学生数均比较稳定，天津、北京稍微有所减少，河北却有小幅度的增长。然而，河北每十万人口大学生在校学生数量与京津相比仍有较大差距，以2006年为例，京津冀每十万人口中大学生在校学生数分别为5028人、4058人和2191人，北京和天津的人数分别是河北省的2.29倍和1.85倍，意味着河北人力资源总量相对丰富，但高学历人口存在明显的不足，人口质量有待进一步提升。

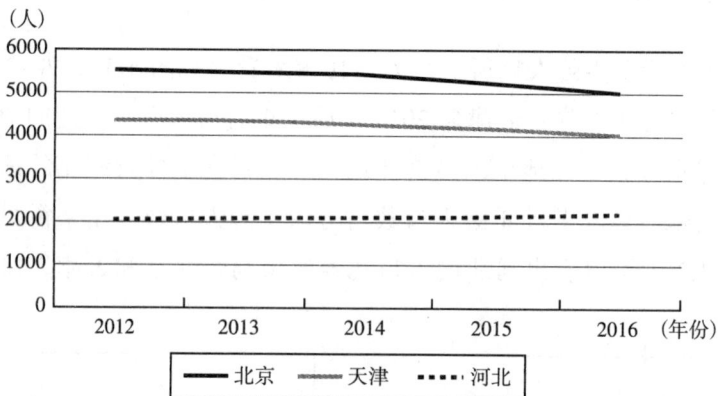

图4.4　2012~2016年京津冀每十万人口大学生在校学生数
资料来源：《北京统计年鉴》（2017）、《天津统计年鉴》（2017）、《河北统计年鉴》（2017）。

2. 高层次人才数量

以京津冀三地大专及以上人口数量来衡量高层次人才数量，如图4.5所示。从总量上来看，北京的高层次人才最多，其次是河北，最后是天津。2007年，北京高层次人才比天津多330.3万人，河北高层次人才比天津多163.09万人。到了2016年，北京高层次人才比天津多422.23万人，河北高层次人才比天津多 387.11 万人，天津在高层次人才总量上与北京、河北一样不断加大。从发展趋势来看，2007~2016 年，京津冀高层次人才总量持续上升，但是在增长速度上有所差异，其中河北增幅最大，北京、天津则呈现出比较平稳的增长速度。

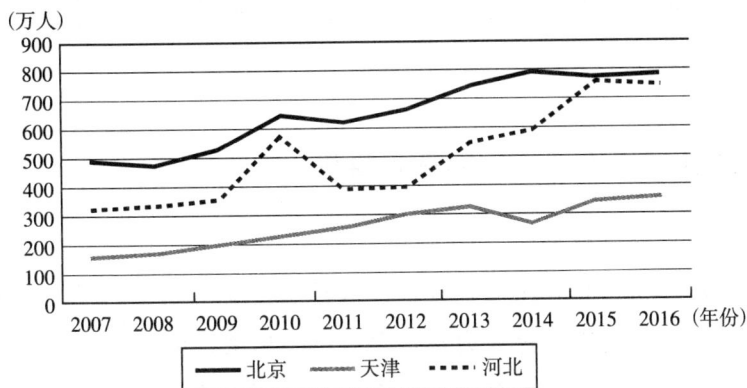

图 4.5 2007~2016 年京津冀高层次人才数量

资料来源：《中国统计年鉴》（2008~2017）。

3. 人力资源资本投入量

高层次科学技术人员和其在科学事业上的投入资本是衡量一个地区人力资源水平高地的重要指标。这是因为，高层次科学人才可以使一地的生产率得到提高，而一地对科学事业的投资多少决定了该地的科研人员是否拥有优良的科研环境和科研经费。如表 4.2 所示，2016 年，北京财政总支出为6406.77 亿元，用于科研上的支出为 285.78 亿元，占财政总支出的 4.5%；天津财政总支出为 3699.43 亿元，用于科研上的支出为 125.18 亿元，占财政总支出的 3.4%；河北财政总支出为 6049.53 亿元，用于科研上的支出为 73.18

表 4.2 2016 年京津冀各地科研投入情况

单位：亿元，%

地区	总支出	科研支出	占比
北京	6406.77	285.78	4.5
天津	3699.43	125.18	3.4
河北	6049.53	73.18	1.2

资料来源：《中国统计年鉴》（2017）。

亿元，占财政总支出的 1.2%，北京科研总支出占比几乎为天津的 1.5 倍，为河北的近 4 倍。

第二节　京津冀人力资源空间分布

一、京津冀人力资源空间分布趋势

1. 空间结构分布趋势

人们在人力资源的测评上有着多种多样的角度。比较典型的方法：一是认为人力资源水平可以通过人力资本存量反映出来，取教育、健康、科技人力资本存量加总为人力资本存量总量来衡量；二是认为人力资源可以通过从业人员的学历水平以及平均教育年限等内容反映出来；三是认为人力资源在数量上等同于现实的和潜在的劳动力之和。即为劳动适龄人口总量减去丧失劳动力人口，加上劳动适龄人口之外现实从事劳动的在业人口。这里取地区的年末从业人员数量来衡量地区的人力资源数量。

为了更加清晰直观地考察京津冀区域人力资源空间结构的分布趋势，引入变异系数、标准差和泰尔指数。变异系数 CV 和标准差系数 SD 被用来测量一个区域间的内部系统差异情况，变异系数可以计算其相对差异的大小，标准差可以用来考察所度量指标绝对差异的大小，计算公式为式（4.1）和式（4.2）：

$$CV = SD/x \tag{4.1}$$

$$SD = \sqrt{\frac{1}{n}\sum_{i=1}^{n}(x_i - x)^2} \tag{4.2}$$

式中，x_i 是样本值，x 为样本平均值，n 为所取样本个数。

一个区域所测量的泰尔指数的值越大，说明该区域的人力资源分布差异越大。由于泰尔指数具有可分解性，因此可以使用泰尔指数分析影响市域间人力资源差异的主要因素是地区间差异还是地区内差异。根据京津冀中一个省份两个城市，可以把泰尔指数关于京津冀人力资源数量的差异进行分解，得出三个层次的泰尔指数如式（4.3）~式（4.5）所示。

地区内各城市之间的泰尔指数 T_{pi}：

$$T_{pi} = \sum_j \frac{Y_{ij}}{Y_i} \ln\left(\frac{Y_{ij}/Y_i}{N_{ij}/N_i}\right) \tag{4.3}$$

京津冀三大地区间的泰尔指数 T_{br}：

$$T_{br} = \sum_i \frac{Y_i}{Y} \ln\left(\frac{Y_i/Y}{N_i/N}\right) \tag{4.4}$$

京津冀（脱离地区划分）区域间的泰尔指数 T_p：

$$T_p = \sum_i \sum_j \frac{Y_{ij}}{Y} \ln\left(\frac{Y_{ij}/Y}{N_{ij}/N}\right) \tag{4.5}$$

式中，Y_{ij} 表示 i 地区 j 市域的人力资源数量（i 地区表示京津冀三块地区；j 市域表示所属地区中的某城市），N_{ij} 表示 i 地区 j 市域的人口数；Y_i 表示 i 地区的人力资源数量，N_i 表示 i 地区的人口数量；Y 表示京津冀人力资源数量总量，N 表示京津冀人口总数。根据式（4.3）和式（4.4），T_p 可以分解为地区内（T_{wr}）和地区间（T_{br}）差异之和，即

$$T_p = \sum_i \frac{Y_i}{Y} T_{pi} + T_{br} = T_{wr} + T_{br} \tag{4.6}$$

根据变异系数、标准差系数和泰尔指数的计算公式，2007~2016 年京津冀区域人力资源的分项指标值如表 4.3 所示。其中运用变异系数可以分析出京津冀人力资源分布的绝对差异；运用标准差可以分析出相对差异；运用泰尔指数可以分析出地区间差异对区域差异的影响度。

（1）京津冀人力资源分布总体差异。2007~2016 年，京津冀人力资源总量

表 4.3　2007~2016 年京津冀人力资源变异系数、标准差系数、泰尔指数

年份	CV	SD	T_{br}	T_{wr}	T_p
2007	2.10	568.11	0.13	0.72	0.84
2008	2.11	591.82	0.11	0.75	0.86
2009	2.11	607.26	0.12	0.76	0.88
2010	2.11	635.38	0.13	0.80	0.93
2011	2.10	660.85	0.16	0.85	1.00

续表

年份	CV	SD	T_{br}	T_{wr}	T_p
2012	2.09	689.98	0.25	0.90	1.15
2013	2.08	717.33	0.30	0.95	1.25
2014	2.06	735.63	0.42	0.97	1.39
2015	2.08	749.71	0.32	1.01	1.34
2016	2.07	765.99	0.38	1.05	1.43

一直在增加，2013 年之前增长速率较快，2013 年之后有所减缓。在此期间，京津冀人力资源地区间绝对差异（标准差）也出现了比较规律的变动，2013 年前变动较快，2013 年后变动较缓，2013~2016 年标准差的变动一直在 20 以内，说明这四年人力资源的分布区域差异化减弱。相对差异（变异系数）值在 2014 年前一直下降，说明津冀间的人力资源分配差异在缩小，特别是 2011~2014 年，相对差异值出现了较大幅度的下降，说明京津冀间人力资源分配差异进一步缩小。然而，2014 年后，京津冀相对差异值出现了较为明显的上升，说明京津冀间人力资源的区域差异增大。可见，京津冀人力资源总数在不断增加，其绝对差异化表现出小幅度降低的趋势，相对差异化略微上升，意味着京津冀人力资源发展出现了一定的不均衡性。

（2）京津冀人力资源分布区域差异。地区内差异变化与地区间差异变化的规律具有一定的一致性，2011~2014 年，地区间差异递增，2011 年后差异变化较快，2014 年后，地区间差异变化缓慢降低。对泰尔指数进行分解后发现，自 2007 年以来，地区间差异对京津冀人力资源差异的影响度一直在 80% 以上，在 2012 年以后，降低到 70% 左右，表明京津冀人力资源差异主要来源于地区间的差异。

2. 重心分布趋势

引入重心概念进一步研究京津冀人力资源分布趋势。人口分布重心最初是美国学者弗朗西斯提出的，它假设一区域内每个居民的重量都相同，人口重心即在该区域空间平面上力矩达到平衡的一点。模仿人口重心的计算过程，我们也可以算出相应的人力资本分布重心，计算公式如式（4.7）所示：

$$X = \frac{\sum\limits_{i=1}^{n} p_i x_i}{\sum\limits_{i=1}^{n} p_i}; \quad Y = \frac{\sum\limits_{i=1}^{n} p_i y_i}{\sum\limits_{i=1}^{n} p_i} \tag{4.7}$$

式中，X、Y 分别表示人力资源的重心坐标，这里用经纬度表示，p_i 为第 i 个子区域某种属性的值，这里指京津冀年末人口从业数量。x_i, y_i 表示第 i 个子区域的经纬度，n 为区域数量。本书为了计算的统一，区域经纬度皆为该区域市政府所在经纬度，河北经纬度以其省会城市石家庄为准。

对区域人力资源重心的计算旨在了解区域内某一时期人力资源在空间上的重心点，是观测人力资源空间结构的重要指标。在京津冀区域人力资源空间结构研究中，可以利用人力资源重心点距离来显示京津冀人力资源的均衡程度。人力资源重心相对距离越大，说明该区域人力资源的空间分布越不平衡；反之，则越平衡。

图 4.6 显示了 2007 年和 2016 年京津冀人力资源重心所在，10 年间，京津冀人力资源重心向东北方向移动，即朝着北京移动，这说明京津冀人力资源的空间结构分布有明显的极化效应，主要向经济增长较快、投资较多的区域集聚，北京经济发展水平高，就业机会多，吸引了大批人力资源涌入，显著提升了京津冀区域东部的人力资源水平。

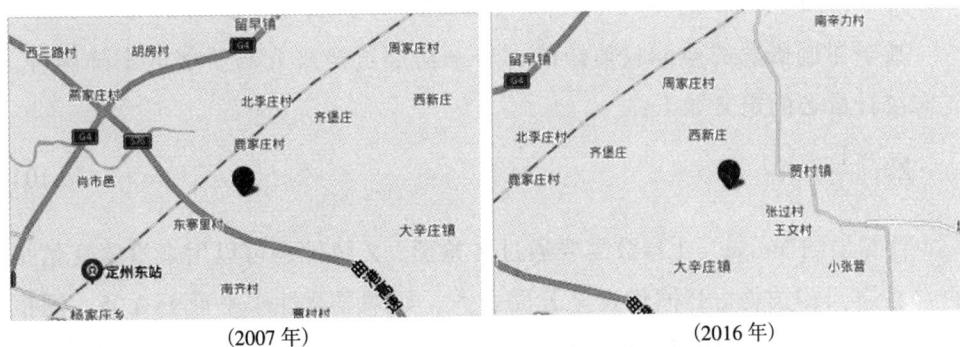

（2007 年）　　　　　　　　　　（2016 年）

图 4.6　2007 年和 2016 年京津冀人力资源重心变动

资料来源：根据计算数据得出。

二、京津冀人力资源空间关联性分析

1. 全域空间相关性

全域空间自相关是从区域空间的整体上刻画区域间某一测量单位在空间分布活动的集聚情况，主要有全局莫兰（Moran）指数 I 和盖里（Geary）指数 C 等。由于 Moran's I 指数受偏离正态分布影响较小，因而本书选用 Moran's I 指数。Moran's I 指数分为全局 Moran's I 指数和局部 Moran's I 指数，全局 Moran's I 指数可以用来衡量变量的空间依赖情况，可表示为式（4.8）：

$$I = \frac{\sum\limits_{i=1}^{n} \sum\limits_{j=1}^{n} W_{ij}(X_i - \bar{X})(X_j - \bar{X})}{\sum\limits_{i=1}^{n} \sum\limits_{j=1}^{n} W_{ij}} \times \frac{n}{\sum\limits_{i=1}^{n} W_{ij}(X_i - \bar{X})^2} \tag{4.8}$$

式中，X_i 是 i 地区某变量的数值，$\bar{X}$ 为 X_i 的平均值。Moran's I 指数的范围为 $-1 < I < 1$，当 I 值接近 1 说明相邻省份呈空间正相关，而接近 -1 则说明相邻省份呈空间负相关。当 $I = 0$ 时说明各省之间无空间相关性。

根据相邻标准，W_{ij} 为：

$$W_{ij} = \begin{cases} 1 & \text{当区域 } i \text{ 和区域 } j \text{ 相邻；} \\ 0 & \text{当区域 } i \text{ 和区域 } j \text{ 不相邻；} \end{cases} \tag{4.9}$$

式中，i = 1，2，3，…，m，j = 1，2，3，…，n；m = n 或 m ≠ n。

基于邻近概念的空间权值矩阵，有一阶邻近矩阵和高阶邻近矩阵两种。正态统计量 Z 的定义如下：

$$Z = \frac{I - E(I)}{\sqrt{VAR(I)}} \tag{4.10}$$

计算出的 Moran's I 指数需要通过 Z 检验，Z 统计量可以用来检验变量是否存在空间相关性。P 值代表显著性水平，如果显著性水平低于 0.05，则拒绝原假设，认为观测值有 95% 的可能存在空间相关性，如果空间相关性存在，则空间关系应被纳入回归模型中。

京津冀人力资源全域 Moran's I 值如表 4.4 所示，2007~2016 年，京津冀全域 Moran's I 值全部大于 0，且均在 5% 的显著性水平上显著，说明京津冀人力资源呈现出明显的空间关联特征。Moran's I 值基本呈逐年递增的状态，意味着京津冀人力资源的空间关联性越来越强，且表现出集聚特征，即人力资源高值与高值，低值与低值的集聚态势。

表 4.4　京津冀人力资源全域 Moran'I 值

年份	Moran'I 值	P
2007	0.043**	0.049
2008	0.046**	0.048
2009	0.055**	0.036
2010	0.063**	0.028
2011	0.066**	0.027
2012	0.065**	0.029
2013	0.060**	0.033
2014	0.058**	0.034
2015	0.061**	0.032
2016	0.062**	0.032

注：***、**、* 分别代表 1%、5%、10%的显著水平。

2. 局部空间相关性

全域 Moran's I 指数在整体层面上检验了京津冀人力资源的空间相关性，却不能得到单个区域间人力资本与经济增长的空间相关性。局部 Moran's I 指数可以用来检验一个区域和与之相邻的空间关联性，常用散点图表示，各象限分布意义如表 4.5 所示。因此，对京津冀 13 个城市的人力资源做局部相关

表 4.5　各象限的意义和特征

象限	字母表示	区域	特征
第一象限	HH	集聚区	说明该区域人力资源发展水平较高，邻近区域人力资源水平较高，二者空间差异小
第二象限	LH	离散区	说明该区域人力资源发展水平较低，邻近区域人力资源水平高，二者空间差异大
第三象限	LL	集聚区	说明该区域人力资源发展水平较低，邻近区域人力资源水平较低，二者空间差异小
第四象限	HL	离散区	说明该区域人力资源发展水平较高，邻近区域人力资源水平较低，二者空间差异大

性检验，来进一步检验京津冀人力资源的空间相关性，选用 2016 年的数据进行分析。

京津冀人力资源局域 Moran's I 值散点图如图 4.7 所示，散点图的横轴代表标准化的年末就业总人口，纵轴代表标准化的年末就业总人口的空间滞后值，以平均值为轴的中心将人力资源的空间类型分为了四个象限，分别表示本地区与周围地区之间的空间联系方式。多数省份位于第一、第三象限，分属于高—高、低—低人力资源类型；少部分省份落在了第二象限，分属于高—低人力资源类型。由图 4.7 可知，北京、天津、保定、石家庄位于第一象限，表示人力资源水平高的地区被人力资源水平高的地区包围；廊坊、承德、张家口位于第二象限，表示人力资源水平低的地区被人力资源水平高的地区包围；唐山、秦皇岛、沧州、衡水、邢台、邯郸位于第三象限，表示人力资源水平低的地区被人力资源水平低的地区包围。

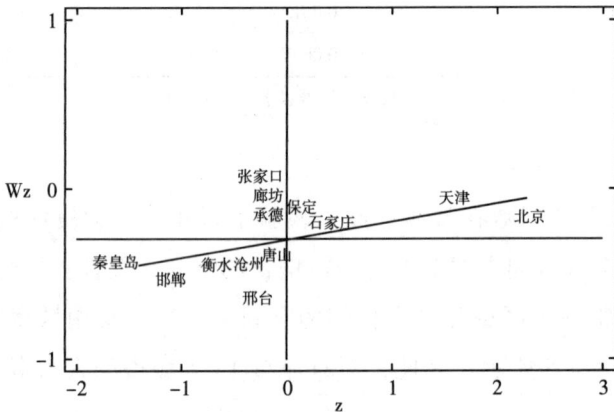

图 4.7　2016 年京津冀人力资源局域 Moran's I 值散点图

从局域 LISA 空间相关性来看，北京的人力资源是高—高集聚态势；廊坊、承德和秦皇岛的人力资源属于低—高聚集区。从京津冀 2016 年人力资源水平的局部相关性检验和局域 LISA 图可以看出，北京、天津、保定和石家庄有明显的人力资源集聚效应，其中北京的人力资源是高—高集聚态势，这表明北京仍然是京津冀地区的人力资源集聚中心。廊坊、承德和秦皇岛的人力资源属于低—高聚集区，表明这三个城市的人力资源水平较低，未能受到北京和天津的辐射带动。北京作为京津冀的核心城市，在人力资源水平上拥有绝对支配地位，但是会导致京津冀区域的高层次知识分子和技术人才不断向北京集聚，因此，在京津冀区域，虽然北京在人力资源集聚上的绝对优势明显，但是其对周边地区的溢出效应还有待加强。

第三节　京津冀人力资源现状评价

一、评价指标体系构建

到目前为止还没有统一的指标体系来反映人力资源状况。因此，根据指标体系选取的科学性、可操作性和实用性的原则来选择如下几个指标：

（1）人力资源数量。选取的指标为：①人口总数（X_1），人口的数量决定了一个地区能够提供劳动力的数量，是形成人力资本的直接来源。②大专及以上人才数（X_2），这一指标反映了该地区的人才总量。

（2）人力资源质量。人力资源的质量包括人口的健康素质和文化素质两方面。个人的健康状况可以视为一种资本储备，经济学家称之为"健康资本"（或健康资本存量）。随着社会经济的发展，人们清楚地认识到，人力健康水平的高低，对经济发展和社会进步具有不可估量的作用。在此，从人口预期寿命和每万人卫生机构人员数两个方面考察人的健康素质。①人口平均预期寿命（X_3）反映的是人口的健康水平。②每万人卫生机构人员数（X_4）反映的是该地区的医疗保健配置水平，反映了健康的物质保证。

文化素质包括人均受教育年限（X_5），反映了该地区的人力资源水平，人均受教育年限＝（大专文化人口×15＋高中文化人口×12＋初中文化人口×9＋小学文化人口×6）/总人口数。每十万人在校大学生数（X_6）主要反映该地区人才的分布情况。人均教育经费（X_7）反映了该地区对人力资本的投资情况。

（3）人力资源结构。指的是一个国家或地区的人力资源总体在不同方面的分布或构成。选取的指标为：①15~64岁劳动人口占总人口的比例（X_8），由于这一组为劳动力人口，这部分人口参与劳动生产，为整个社会提供赖以生存的劳动成果，因此这一部分人的多少会对整个社会的经济发展产生决定性的影响。②人才密度（X_9），指某一地区的人才数量在该地区人口总量中所占的比例，根据目前的统一口径，人才是指具有大专以上学历和中级以上职称的专业技术人员和管理人员。这一指标能在数量和质量上反映该区域人力资本的发展状况。为了避免计算的重复，本书选取地区大专及大专以上人口占总人口的比例。

（4）人力资源配置。这一指标包括：①失业率（X_{10}），这一指标反映一个地区人力资源的基本配置和人力资源的发挥情况。②职业介绍机构个数（X_{11}），这一指标用来反映各地人力资源配置质量，即用来衡量各地人力资本中迁移与流动资本，为人力资源配置提供公平的就业信息。③城镇人口所占比重（X_{12}），一般来讲，城市作为工业与第三产业的中心，它更有利于人力资源效能的发挥。

建立的指标体系如表 4.6 所示。

表 4.6 指标体系

一级指标	二级指标
数量	人口总数（X_1）
	大专及以上人才数（X_2）
健康素质	人口平均预期寿命（X_3）
	每万人卫生机构人员数（X_4）
文化素质	人均受教育年限（X_5）
	每十万人在校大学生数（X_6）
	人均教育经费（X_7）
结构	15~64 岁劳动人口占总人口比例（X_8）
	人才密度（X_9）
配置	失业率（X_{10}）
	职业介绍机构个数（X_{11}）
	城镇人口所占比重（X_{12}）

二、评价方法选择

考虑到在人力资源众多指标评价中，各评价指标彼此间往往存在一定程度的相关性，这表现出它们对评价对象反映的信息有所重复。而因子分析是一种多元统计方法，主要用来浓缩数据，即采用较少的概括性因子来反映原本众多观测所代表的信息。具体来说，就是首先研究相关矩阵内部的依赖关系，把一些具有复杂关系的变量归纳为少数几个因子，取其中特征值大于 1 的因子，当这些因子的累计贡献率达到一定的百分比时，就能够说明这些主要因子能够集中反映研究问题的大部分信息。而一些琐碎的信息就可以摒弃掉，通过观察主要信息抓住问题的关键所在。因此，多元统计分析方法中的因子分析比较适合人力资本的多指标综合评价。

（1）因子分析法的基本原理。通过研究多个指标变量的相关矩阵内部结构，找出控制所有变量的少数综合指标（公共因子），将每个变量表示成公共因子的线性组合，以再现原始变量与公因子之间的相互关系。每个因子的重要程度（权重）依据其对原始信息的解释程度而确定，进而计算出综合得分，从而可对候选合作伙伴做出客观全面的评价。

设有 p 个初始指标变量 x_i，它们可能相关，也可能独立，将 x_i 标准化得到新变量 z_i，则可以建立因子分析数学模型：$z_i = \alpha_{i1}F_1 + \alpha_{i2}F_2 + \cdots + \alpha_{im}F_m + \varepsilon_i$（$i = 1，2，3，\cdots，p$）。其中 F_j 称为公共因子，它们彼此不相关，其含义要根据具体问题来解释，系数 α_{ij} 称为因子载荷，ε_i 称为特殊因子，实际中忽略不计。

（2）因子分析法的主要步骤。

1）根据数据源建立指标体系；

2）根据公式 $x_{ij}^* = (x_{ij} - \bar{x}_j)/\sigma_j$ $i = 1，2，\cdots，m$，其中 $\bar{x}_j = \frac{1}{n}\sum_{i=1}^{n}x_{ij}$，$\sigma_j^2 = \frac{1}{n}(x_{ij} - \bar{x}_j)^2$，对指标向量的数据进行标准化处理，组成矩阵 X；

3）计算样本相关矩阵 R：

$$R = \begin{pmatrix} r_{11} & \cdots & r_{1m} \\ \vdots & \vdots & \vdots \\ r_{m1} & \cdots & r_{mm} \end{pmatrix} = \frac{1}{n}X'X，\quad r_{ij} = \frac{1}{n}\sum_{i=1}^{n}X_{ij}X_{ik} = \frac{1}{n}x_jx_k，\quad k = 1，2，\cdots，m，并$$

进行因子分析适宜性检验；

4）计算相关矩阵的特征值 λ_i 和特征向量 ∂_i，$i = 1，2，\cdots，n$；

5）计算因子的贡献率，第 i 个因子的贡献率为 $\alpha_i = \lambda_i / \sum_{i=1}^{m} \lambda_i$，并根据累计方差贡献率确定公因子个数 k；

6）求因子载荷 $\alpha_i = \sqrt{\lambda_i \alpha_i}$，计算因子载荷矩阵 A；

7）为了使提取的公因子更易于解释和具有命名清晰性，对矩阵 A 进行最大方差旋转，得矩阵 B，再计算各公因子得分，$F^i = \alpha_i x$，$i = 1$，2，…，k；

8）按因子得分 F^i 及方差贡献率的大小，计算综合得分 $F = \beta_1 F_1 + \beta_2 F_2 + \cdots + \beta_k F_k$，再根据综合得分进行排序。

三、评价结果与分析

由于 12 个因子的量纲不同，为了消除这一影响，首先对样本因子进行标准化处理，然后运用 SPSS22 进行因子分析，这样得到因子的总方差解释表 4.7。按照提取原则大于 1，应该提取前三个因子，前三个因子所解释的方差占整个方差的 89% 以上，几乎包含了 12 个样本因子的全部信息量。

表 4.7　样本因子总方差解释

变量	初始因子解			旋转后最终因子解		
	特征值	方差贡献率(%)	累计贡献率(%)	特征值	方差贡献率(%)	累计贡献率(%)
X_1	7.484	59.037	59.037	7.562	59.263	59.263
X_2	2.516	20.243	79.280	2.604	20.325	79.588
X_3	0.059	10.307	89.587	0.061	10.523	90.111
X_4	0.030	4.094	93.681			
X_5	0.022	3.086	96.767			
X_6	0.014	2.052	98.819			
X_7	0.080	1.018	99.837			
X_8	0.062	0.046	99.863			
X_9	0.043	0.043	99.926			
X_{10}	0.014	0.032	99.958			
X_{11}	0.028	0.029	99.987			
X_{12}	0.032	0.013	100.000			

然后进行主因子分解法，并对其结果进行因子旋转，得到因子的载荷矩阵如表 4.8 所示。

表 4.8　旋转后的因子载荷矩阵

变量	F_1	F_2	F_3
X_1	−0.986	−0.169	−0.131
X_2	−0.383	0.924	0.209
X_3	0.869	0.495	0.872
X_4	0.407	0.913	0.048
X_5	−0.513	−0.859	0.075
X_6	0.821	0.570	−1.35
X_7	0.742	0.670	0.225
X_8	0.985	0.172	0.523
X_9	0.662	0.750	0.468
X_{10}	−0.332	−0.943	0.235
X_{11}	−1.000	−0.030	0.535
X_{12}	0.935	0.354	0.325

从旋转后的因子载荷矩阵可以看出，因子 1 在人力资源质量和人力资源结构上的载荷值较大，该因子代表一个地区人力资源基本水平；因子 2 主要是人力资源数量方面，反映了该地区的人力资源总量；因子 3 主要反映的是人力资源的配置情况。

运用 SPSS 软件因子得分功能对全国各省份在这三个因子上进行评分，最后以各因子的方差贡献率作为权数计算各地的综合得分（见表 4.9）。

表 4.9　因子得分

地区	因子 1 得分	因子 1 排名	因子 2 得分	因子 2 排名	因子 3 得分	因子 3 排名	综合得分	综合排名
北京	3.54	1	0.18	14	1.22	5	2.07	1
天津	2.05	2	0.78	8	1.00	7	1.39	2
河北	−0.61	25	0.83	7	0.91	8	−0.04	15
山西	−0.12	12	−0.25	20	−0.24	19	−0.15	19

续表

地区	因子1得分	因子1排名	因子2得分	因子2排名	因子3得分	因子3排名	综合得分	综合排名
内蒙古	−0.68	26	−0.52	22	−0.46	22	−0.53	24
辽宁	0.50	9	0.33	12	0.26	14	0.37	9
吉林	0.67	5	−0.57	24	−0.64	25	0.16	11
黑龙江	−0.13	13	−0.18	16	−0.17	17	−0.13	18
上海	1.23	4	1.14	5	0.29	13	0.96	3
江苏	0.59	7	1.76	3	1.69	3	0.90	4
浙江	−0.20	15	0.62	10	0.64	10	0.10	12
安徽	−0.52	22	0.33	13	0.39	12	−0.16	20
福建	−0.17	14	−0.31	21	−0.29	20	−0.19	21
江西	0.08	10	−0.22	18	−0.22	18	−0.03	16
山东	−0.04	11	1.95	2	1.97	2	0.64	6
河南	−0.59	24	1.20	4	1.29	4	0.10	13
湖北	0.51	8	0.62	11	0.57	11	0.48	8
湖南	−0.47	20	0.75	9	0.81	9	0.01	15
广东	−0.22	16	2.57	1	2.59	1	0.75	5
广西	−0.49	21	−0.22	17	−0.15	16	−0.33	22
海南	−0.34	17	−1.36	28	−1.33	29	−0.64	26
重庆	0.66	6	−0.53	23	−0.60	24	0.17	10
四川	−0.53	23	0.96	6	1.04	6	0.05	17
贵州	−0.80	27	−0.65	25	−0.56	23	−0.64	4
云南	−0.96	30	−0.18	15	−0.07	15	−0.56	25
西藏	−0.95	29	−1.57	31	−1.49	31	−1.03	29
陕西	1.25	3	−0.24	19	−0.37	21	0.58	7
甘肃	−0.46	19	−0.77	27	−0.72	27	−0.50	23
青海	−1.51	31	−1.47	30	−1.32	28	−1.29	30
宁夏	−0.35	18	−1.39	29	−1.36	30	−0.65	27
新疆	−0.94	28	−0.75	26	−0.66	26	−0.75	28

综合得分 =（因子1得分 × 53.668 + 因子2得分 × 23.444 + 因子3得分 × 10.237）/ 100

（1）在人力资源质量和结构因子中，北京在全国排第 1 名，天津在全国排第 2 名，均处于全国领先水平，河北在全国排第 25 名，在全国排名比较靠后。由此可见，京津冀人力资源质量和结构并不均衡，河北与北京和天津差距较大，人力资源质量不高，结构也不尽合理，如何选取合适的人力资源管理模式对现有人力资源进行管理，实现当前人力资源水平和企业发展阶段相匹配，是京津冀人力资源管理的一个重点。

（2）在人力资源总量因子中，京津冀在全国的排名依次为第 14 位、第 8 位和第 7 位。基本上来看，京津冀人力资源总量比较丰富，为京津冀协同发展提供了丰富的劳动力资源，基本不会出现人力资源短缺的问题。结合人力资源质量和结构因子来看，京津冀人力资源总量丰富、质量较高。

（3）在人力资源配置因子中，京津冀的排名分别为第 5 位、第 7 位和第 8 位。总体来看，京津冀人力资源配置较为合理。北京是科技创新中心、天津是全国先进制造研发基地、河北是产业转型升级试验区，三地人力资源配置与三地定位基本相符。

（4）在综合因子得分中北京排名第 1 位，天津排名第 2 位，河北排名第 15 位。综合分析是因为河北在人力资源质量和结构因子中排名较低，也就是说，人力资源丰富是河北的发展优势，但这并不是一个关键因素。综合排名第 1 位的北京，人力资源总量并不丰富，但凭借着优良的人力资源质量、合理的人才结构和人才配置，人力资源水平仍居全国第 1 位。这说明一个地区的人力资源水平不仅依赖于人力资源的数量，更重要的是解决好人力资源的质量和结构问题，以便让人力资源发挥出最大的效用。因此，选取合适的人力资源管理模式让现有人力资源的能力得到充分发展显得非常重要。

第四节　本章小结

本章首先分析京津冀人力资源特征，分别从数量和质量两方面进行分析，京津冀人力资源数量充足，并且持续增长，为京津冀协同发展提供充足的人力资源储备，然而，在受教育程度、高层次人才数量、资本投入量方面河北与京津有所差距，京津具有显著的人力资源质量优势。其次，分析京津冀人力资源空间分布情况，京津冀人力资源总数在不断增加却不均衡，主要是源于地区间的差距，重心也在向北京方向移动，出现明显的极化效应，三地间的空间关联性越来越强，北京、天津、保定和石家庄有明显的人力资源集聚效应，北京在人力资源集聚上的绝对优势明显，但是其对周边地区的溢出效应还有待加强。最后，综合测度京津冀人力资源发展现状，构建人力资源数量、人力资源质量、人力资源结构、人力资源配置四个一级指标，测度结果显示北京、天津综合优势明显，河北居于全国中位，北京虽在人力资源总量因子中排名靠后，但凭借着优良的人力资源质量、合理的人才结构和人才配置仍处于全国前列。可见，一个地区的人力资源水平更依赖于质量和结构，因此，选用合适的人力资源管理系统是人力资源结构配置的关键所在。

第五章　人力资源管理系统选择模式的理论构建

第一节　人力资源管理系统与企业绩效

一、人力资源管理系统与企业绩效的直接关系

学者通常把相匹配的人力资源管理实践组成的人力资源管理系统称为高绩效工作系统（HPWS）。对 HPWS 具体实践的选择受很多情景因素的影响，在不同国家（或地区）中表现出差异性（张正堂和李瑞，2015）。在中国情境下，混合型的 HRWS 逐渐成为共识，中国企业的 HPWS 既包含一些以承诺为导向的西方高绩效工作实践，也包含一些以控制为导向的本土人力资源实践（苏中兴，2010；苗仁涛等，2015）。罗海滨等（2015）指出，本土化高绩效人力资源管理实践具有控制型和内部型双元特征，将其命名为内控导向人力资源管理实践，本书初步认为我国企业的人力资源管理活动可以分为控制型和承诺型两种人力资源管理系统构型，提出如下假设：

H1a：我国的人力资源管理系统构型可分为控制型和承诺型两种，而且两种管理系统构型间存在显著差异。

H1b：在我国，企业所有制对人力资源管理系统构型有影响，即国有企业更多采用控制型人力资源管理系统，外资企业和民营企业更多采用承诺型人力资源管理系统。

H1c：在我国，企业规模对人力资源管理系统构型有影响，即大企业更多采用承诺型人力资源管理系统，小企业更多采用控制型人力资源管理系统。

人力资源管理系统与企业绩效的关系成为国内外学术研究的热点问题，国内外诸多研究表明人力资源管理系统对企业绩效有显著正向影响（Delery and Doty，1996；Huselid et al.，1997；Ngo et al.，2008；范秀成等，2003）。在这些研究中，普遍认为各项人力资源管理实践存在互补性和依赖性，有机地组成了人力资源管理系统。基于资源基础论，人力资源管理系统是企业持续竞争优势的源泉（Lado and Wilson，1994；Snell et al.，1996），是提高企业绩效的根本原因（Wright and Boswell，2002；Wright et al.，2001），如果所有人力资源实践相互匹配形成一个协同的系统对组织绩效的作用将大于单个实践的作用总和（Lepak et al.，2006）。

人力资源管理系统与企业绩效的关系也取得了卓有成效的研究进展。Huselid（1995）对美国 985 家企业的研究表明高绩效工作实践对员工保留率、员工生产率以及企业财务绩效有显著影响。程德俊和赵曙明（2006）的研究验证了高参与型工作系统对员工的组织承诺和组织的销售增长具有积极的影响。Arthur（1994）对 30 家美国钢铁企业的研究表明，与控制型人力资源管理相比，承诺型人力资源管理带来更高的生产率、更低的废品率和员工流失率。刘善仕和刘辉健（2008）对中国 116 家企业的人力资源实践状况的调查结果显示，相比采用利诱型人力资源管理系统的企业，采用投资型人力资源管理系统的企业有更高的员工满意度、员工生产率、员工保留率。张正堂等（2008）以 133 家样本企业为研究对象，发现采取内部型人力资源管理系统形态的企业的绩效高于采取市场型人力资源管理系统形态的企业。

总之，高绩效工作系统、高参与工作系统、承诺型人力资源管理系统、投资型人力资源管理系统、内部型人力资源管理系统对员工生产率、保留率、满意度、销售增长、财务绩效等具有积极的影响，而且这些影响显著高于采用控制型、利诱型、市场型人力资源管理系统的企业。因此，本书提出如下假设：

H2：人力资源管理系统对企业绩效有积极的影响，且承诺型人力资源管理系统中的企业绩效高于控制型人力资源管理系统中的企业绩效。

二、人力资源管理系统与企业绩效：企业特征的影响

1. 所有制在人力资源管理系统与企业绩效间的调节作用

中国经济改革的一个显著特征就是企业所有制从单一所有制向多种所有制转变。所有制对员工的获得、培育、奖励均有直接影响（Ding and Akhtar, 2001）。那么，对于不同所有制的企业来说，人力资源管理系统对企业绩效的影响会不会存在差异？目前对这一问题的回答还存在着争议。

Ngo 等（2008）的研究结果表明在外资企业和民营企业中，人力资源实践对财务绩效的影响不如其他所有制企业的影响大，可能是因为外资企业和民营企业在人力资源管理上的投入成本较多而收益较低引起的。相反，Law 等（2003）在比较外资企业和国有企业中人力资源管理对企业绩效的影响后认为，外资企业中有最新的技术和现代化的管理体制，人力资源管理对企业绩效的影响很明显。而国有企业是由政府所掌控的，多数人力资源目标是确保政治上的正确性而不是经济上的正确性，限制了人力资源实践的作用，导致人力资源管理对企业绩效影响不明显。Zheng 等（2009）的研究结果也支持了Law 等的观点，采用创新型人力资源实践企业的人力资源产出和公司绩效更好，外资企业主要采用创新型人力资源实践，国有企业主要采用传统型人力资源实践。一些实证研究也验证了 Law 和 Zheng 等的结论，中国不同所有制企业的人力资源管理实践显著不同，国有企业的人力资源系统的市场化程度、薪酬竞争力、以市场为导向的保障制度、职工流动率、人力资源主管市场化均低于外资企业；而工会和工人代表大会比外资企业重要（Ding et al., 2000）。人力资源管理实践对人力资源管理产出有影响，人力资源管理产出排名依次为外资企业、国有企业和民营企业（Zheng et al., 2006）。

不同所有制企业在人力资源管理实践方面存在差异是不争的事实。国有企业中人力资源的作用越来越重要，但仍然存在人才短缺、激励机制不灵活、人才选拔机制不健全等问题，导致人力资源管理不能完全满足企业战略的需要。外资企业的管理水平很高，而且能根据企业战略需要自主地设计人力资源管理实践。外资公司持股比例越高，越可能采用正规的人力资源管理实践（Zhu and Warner, 2004）。民营企业虽然在管理水平上与外资企业有一定的差

距，但受传统体制影响较小，在人力资源管理上有极大的主动权，人力资源管理实践也基本与企业战略相匹配。可以说，外资企业和民营企业的人力资源管理系统与企业绩效的关系比国有企业中的关系更为紧密。国有企业在企业绩效和管理流程上均落后于私有制企业和外资企业（Chen and Lau，2000；Deshpande and Farley，2000）。因此，我们假设：

H3a：企业所有制在人力资源管理系统与企业绩效间有调节作用，即人力资源管理系统与企业绩效的关系在外资企业和民营企业中比国有企业更强。

H3b：在我国，企业所有制对人力资源管理系统构型有影响，即国有企业更多采用控制型人力资源管理系统，外资企业和民营企业更多采用承诺型人力资源管理系统。

2. 规模在人力资源管理系统与企业绩效间的调节作用

规模是影响人力资源管理系统与企业绩效关系的一个重要因素。规模反映了企业的资源禀赋。大型公司有更多的资源去开发员工的才能和技术（Ding and Akhtar，2001）。一般来说，规模大的企业有更多的资源来支持它引入比较正规的人力资源管理系统。这对于提高员工的工作效率和企业绩效具有较大的促进作用。相比之下，小规模企业则由于受到财务资源和能力的限制，对这些正规的人力资源管理系统的采用相对较少。一些针对中国情境的研究表明了人力资源管理在企业规模上的差异化。人力资源管理实践随企业规模的不同也有所不同（Zhu and Warner，2004），企业规模越大，其组织结构和人力资源管理职能就越正式（Ding et al.，2004）。规模小的公司由于没有能力或有效的资源完全采用创新型人力资源实践，因而采用比较简单和成本低的转型人力资源实践。具体来说，大公司的薪酬水平、工会的重要程度比小公司高；而社会保障水平、人力资源主管的市场化低于小公司（Ding et al.，2000）。蒋春燕和赵曙明（2004）也得出了类似的研究结果，相对于小企业而言，大型企业会采用更多的人力资源计划、正式的招聘程序、系统的培训、以绩效为基础的薪酬和内部劳动力市场来管理员工。此外，资源的异质性限制了企业的竞争选择（Barney and Wright，1998）。大规模企业能根据企业战略匹配相应的人力资源管理实践；小规模企业往往因为资源的限制而无法让人力资源管理实践完全与企业战略相契合。

综上，与小企业相比，大企业有更多的资源和更高的能力发展和支持人力资源管理系统，进而对企业绩效产生更强的正向影响。因此，我们假设：

H4a：企业规模在人力资源管理系统与企业绩效间有调节作用，即人力资源管理系统与企业绩效的关系在大企业中比小企业更强。

H4b：在我国，企业规模对人力资源管理系统构型有影响，即大企业更多采用承诺型人力资源管理系统，小企业更多采用控制型人力资源管理系统。

第二节　人力资源管理系统选择模式的案例分析

企业执行一项新的人力资源管理政策或进行人力资源管理变革时，除了受自身的行业、规模、所有制等企业特征的影响外，还会受到哪些因素的影响？对这一问题的探索，为我们更加深入地了解人力资源管理系统选择动因奠定基础。因为，影响传统人力资源管理实践的因素很有可能也是促使企业采用人力资源管理系统的因素。由于以往对该问题没有针对性的、成熟的研究和结论，为此，本书采用案例分析方法，对公司的总经理或人力资源经理进行深度访谈以及查阅公司的相关资料，加以系统分析以探索影响企业采用人力资源管理系统的因素到底是什么，且包括哪些具体内容。

一、研究方法与设计

1. 研究方法

Yin（2003）指出案例研究是一种实证研究，当研究现象与其所处现实生活环境界限不清楚时，使用此类研究方法可以深入探究事件的前后联系与研究对象之间的关联。作为一种研究策略，案例研究是一种非常完整的研究方法，同时包含了特有的设计逻辑、特定的资料搜集及独特的资料分析方法（郑伯埙、黄敏萍，2008）。通常，案例研究至少有5种功能或用途：其一，最重要的用途是解释现实生活中各因素之间假定存在的联系，这种联系如此复杂，以至于用实验或调查都无法解释；其二，用途是描述某一种反映及其所处的现实生活场景；其三，用途是以描述的形式，解释某一评估活动中的一些主题；其四，因果关系不够明显、因果联系复杂多变时，对其进行探索；其五，进行元评估，即对某一评估活动本身进行再评估（罗伯特·K.殷，2007）。

虽然研究者对案例研究步骤并未取得一致性的结论，但是案例研究仍然按照一定的程序进行，较为典型的是 Eisenhardt（1989）提出的研究步骤。他将案例研究归结为准备阶段、执行阶段和对话阶段，分为启动、研究设计与案例选择、研究工具与方法选择、资料收集、资料分析、形成假设、文献对话和结束 8 个步骤（见表 5.1）。这些阶段与步骤有先后顺序，但在实际研究的过程中，并不总是按照直线步骤前进的，有的步骤有时需要反复循环进行。

表 5.1　案例研究的步骤

步骤	活动	原因
准备阶段		
启动	界定研究问题	将努力聚焦
	找出可能的前导观念	提供构念测量的较佳基础
研究设计与案例选择	不受限于理论与假说，进行研究设计	维持理论与研究弹性
	聚焦于特定族群	限制额外变异，并强化外部效度
	理论抽样，而非随机抽样	聚焦于具有理论意涵的有用案例，如能够补充概念类别之理论复制与引申的案例
研究工具与方法选择	采用多元资料收集方式	通过三角检证，强化研究基础
	精制研究工具，同时掌握质化与量化资料	证据的综合
	多位研究者	采纳多元观点，集思广益
执行阶段		
资料收集	反复进行资料收集与分析，包括现场笔记	即时分析，随时调整资料的收集
	采用弹性且随机应变式的资料收集方法	帮助研究者掌握浮现的主题与独特的案例性质
资料分析	案例内分析	熟悉资料，并进行初步的理论建构
	采用发散方式，寻找跨案例的共同模式	促使研究者挣脱初步印象，并通过各种角度来查看证据
形成假设	针对各项构念，进行证据的持续复核	精练构念定义、效度及测量
	横跨各案例的逻辑复现，而非样本复制	证实、引申及精练理论
	寻找变项关系的原因或"为什么"之证据	建立内部效度

步骤	活动	原因
对话阶段		
文献对话	与矛盾文献互相比较	建构内部效度、提升理论层次并强化构念定义
	与类似文献互相比较	提升类推能力、改善构念定义及提高理论层次
结束	尽可能达到理论饱和	当改善的边际边际效用越来越小时，则结束研究

资料来源：源自 Eisenhardt（1989），转引自郑伯埙、黄敏萍（2008）。

在案例研究中，资料分析是案例研究的核心，也是最难说清楚的部分。但是，资料分析仍然遵循一定的程序，具体可分为 5 个步骤：①建立文本；②发展编码类别；③指出主题；④资料聚焦检定假设；⑤描绘深层结构（见图 5.1）。

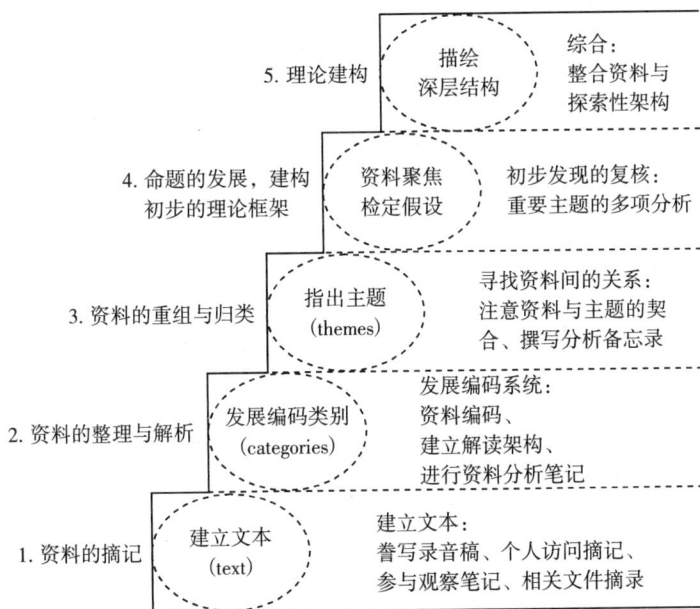

图 5.1　案例资料分析步骤与层次

资料来源：源自 Garney（1990）、郑伯埙（2005），转引自郑伯埙、黄敏萍（2008）。

本书旨在通过对案例企业人力资源管理实践的分析，找出影响人力资源管理的因素。根据这个目的以及案例研究步骤，设计了基本的研究流程。

第一阶段，明确研究问题，回顾相关的理论文献，明确理论框架。

第二阶段，进行案例流程设计，确定案例企业。

第三阶段，收集、整理与研究目的有关的资料。

第四阶段，对收集到的资料进行深入分析，找到影响人力资源管理的因素，得出研究结论。

2. 研究设计

（1）案例选择。基于本书的研究目的，选择的案例企业还应符合以下几个标准：第一，案例企业应涉及国有企业、民营企业和外资企业三个所有制类型的企业，以符合本书研究对象的范围；第二，案例企业应已经成立一段时间，以方便取得企业人力资源管理的信息；第三，案例企业要有良好的信息提供人，以便获得有效的资料，利于研究进行。

（2）资料收集。访谈资料。根据研究目的，本书案例研究企业选择在公司工作时间较长的总经理或人力资源经理作为访谈对象。访谈提纲均为开放性问题，围绕"企业人力资源管理系统采用的影响因素"这一主要问题设计了五个相关题目，即公司的人力资源管理理念怎么样？人力资源实践与公司目标或者战略有关系吗？公司推行一项新的人力资源政策时会考虑哪些因素（重视员工、组织目标、人力资源管理能力、管理者的能力和管理技术、管理者的管理理念、外部环境、技术）？除此之外，您认为还有哪些因素影响人力资源管理？访谈时，以上述问题为主线，采用半结构化问卷，适当追问或与他们讨论。每次访谈时间为1~3小时，访谈结束后根据录音对访谈内容进行整理。访谈对象的基本特征如表5.2所示。

表 5.2　访谈对象基本特征

企业	A	B	C	D
职位	总经理	HR 经理	HR 经理	总经理
行业	制药	手机配件	通信	仪器仪表
地区	石家庄	廊坊	石家庄	天津
所有制	股份制	外企	国有	民营

相关资料。研究者通过公司网站、网络搜索，以及公司的内部资料，对各企业的行业领域、重大事件、人力资源介绍、人力资源新政策等资料进行

收集整理。

对资料进行分析时，以访谈资料为主。

（3）分析方法。

第一步，借鉴扎根理论方法对访谈资料和文本资料进行编码。最终确定了7个主题概念，视为影响人力资源管理的关键因素。

第二步，对7个关键因素进一步分析，得出3个最关键的影响因素：重视员工、组织目标和外部环境。意思表达属于重视员工的编码为M1，意思表达属于组织目标的编码为M2，意思表达属于外部环境的编码为M7。随后，共有两人进行了独立编码，得到了183个项目。然后，将两人的研究结果进行比对，不一致的地方经过讨论后达成共识。经过两轮讨论后，剔除了24条意见不一致和语义不明确的项目，最终保留了159条。重视员工、组织目标、外部环境保留的条目分别为63条、52条、45条，编码一致率达到了89%、91%、83%。

第三步，对重视员工、组织目标、外部环境3个关键影响因素的条目分别进行编码，提炼和归纳子维度。其中，重视员工包括人力资源对公司发展很重要（M1.1）、重视员工培养（M1.2）和为员工发展创造条件（M1.3）子维度；组织目标包括经济目标（M2.1）和人本目标（M2.2）子维度；外部环境包括竞争（M7.1）、法律（M7.2）、经济环境（M7.3）和技术（M7.4）子维度。

编码结果如表5.3所示。

表5.3　案例分析编码

	A公司	B公司	C公司	D公司
M1 重视员工				
M1.1 人力资源对公司发展很重要	★	★	★	★
M1.2 重视员工培养	★	★	★	★
M1.3 为员工发展创造条件	★	★	★	★
M2 组织目标				
M2.1 经济目标	★	★	★	★
M2.2 人本目标	★	★	★	★

续表

	A 公司	B 公司	C 公司	D 公司
M3 HRM 能力			★	
M4 管理者的管理理念	★			
M5 企业文化			★	
M6 管理者的能力				★
M7 外部环境				
M7.1 竞争		★	★	★
M7.2 法律	★	★	★	★
M7.3 经济环境				★
M7.4 技术		★		★

注：★表示文献中所提及的影响因素。

二、案例企业简介

A 公司位于石家庄，是一家规模很大的制药企业，成立于 20 世纪 50 年代的国有企业，1992 年改制为股份制企业。建成 50 多年来，公司稳健经营，逐步发展壮大，经营范围得到拓宽，销售额持续增长，业绩保持优良，主要经济指标始终处于国内同行业前列，与投产时相比，经营范围由单纯的制药拓展到了生物、化工、农药、商贸等领域，主要产品数量由 5 个增加到目前的各种类别的 430 多个，由一家产权结构单一的工厂，发展为有 30 多家子公司、多元投资主体的企业集团。高素质的员工是其最宝贵的资源。目前，该公司有一支 4000 余人的工程技术人员队伍，其中有中高级技术职称的占到一半以上，研发人员占到 1/3 左右。公司通过系统的培训、考核评价和有效的激励，充分发挥每一名员工的积极性和创造性。

B 公司位于廊坊，始建于 1993 年，是一家外商独资企业，主要从事高科技材料工业集团公司，成立时间较早，具有较为丰富的从业经验。该厂已于 1998 年通过 ISO9001 质量体系认证，于 2003 年通过了 ISO9001：2000 质量体系认证，于 2004 年通过了 ISO14001 环境体系认证，于 2006 年通过了 ISO14001：2004 环境体系认证。人力资源在该公司当前和未来的发展中扮演重要角色，公司为员工提供了良好的个人发展机会和有竞争力的薪酬与福利。

　　C公司为中国某大型电信运营公司的下属全资子公司。主要经营移动语音、数据、IP电话、多媒体及互联网接入等业务，拥有多个著名客户品牌。C公司一直以来积极致力于移动通信事业的技术创新、业务创新和服务创新，庞大的通信网络已基本实现了全省的立体覆盖和无缝隙覆盖，在该省通信发展和公众服务中发挥着主导运营企业的作用，并且引领、促进整个行业的持续健康发展。2009年在职员工近2000人，客户总数超过1000万户，移动电话客户市场份额始终保持省内第一。在持续快速的发展过程中，C公司积极引进现代化管理模式和先进的管理理念，努力打造卓越的运营体系，建设卓越的组织，培育卓越的人才。

　　D公司是成立于2000年的民营企业，是一家在天津市科技园区注册的国家级高新技术企业，经营范围为机电一体化、电子与信息技术、新能源技术、环境科学技术及产品的技术开发、制造、转让、咨询和服务，仪表仪器、电子元件、机电产品加工、制造、进出口贸易等。多年来公司本着"用一流的技术，打造一流的产品"的技术理念，以及"为客户服务，让客户满意"的服务理念，不断提升企业价值，得到了广大客户的高度认可，形成了独特的企业文化和管理理念，同时，致力于为员工提供良好的发展空间。

三、案例分析

　　通过对访谈资料、其他相关资料的分析与整理，得出影响企业采用人力资源管理系统的因素有组织目标、重视员工、人力资源管理能力、管理者的管理理念、企业文化、管理者的能力、外部环境。组织目标指一个组织未来一段时间内要实现的目标，是管理者和组织成员的行动指南，又可以进一步分为经济目标和人本目标。经济目标指企业的增长率、市场份额和组织壮大发展等，人本目标指与企业人力资源有关的各种目标。重视员工指企业认为人力资源对公司发展很重要，积极为员工提供培训，为员工发展创造条件。人力资源管理能力指企业的人力资源管理在吸引、保留、激励、开发组织所需人力资源方面所发挥的作用。管理者的管理理念指企业领导人对政治、经济制度、市场（产品、劳动和资本）以及人的观念和看法。企业文化是由一个组织的价值观、信念、仪式、符号、处事方式等组成的其特有的文化形象。

管理者的能力与个人的性格、素质、受教育程度等密不可分。外部环境指企业外部的政治环境、社会环境、技术环境、经济环境等，包括企业间的竞争、政府的法律法规、经济条件和技术能力等。

进一步对这些资料进行分析，发现对所有案例企业人力资源管理都有影响的因素是重视员工、组织目标和外部环境。接下来，本书将重点分析这三个因素是如何影响企业的人力资源管理的。

四、研究结果讨论

当企业非常重视员工，将员工视为企业最宝贵的资源时，对人力资源的投入会很多，各项人力资源管理实践也就更加人性化。A公司：公司很重视员工，在招聘、日常考核、培训教育、升迁晋级和薪酬福利方面都有比较健全的管理体系。我们还建了集团、子公司培训主管、教育员的三级培训管理体系，公司有专门的培训机构，建立了集团公司远程培训网络。B公司：员工是我们最宝贵的资产，公司不仅为员工提供一份工作，更为他们提供一个职业生涯，不断给他们提供学习和发展的机会，激励员工不断提高各方面的能力。C公司：公司坚持以人为本，非常看重企业和员工的共同发展，全面加强各类培训，保障员工在职业生涯的不同发展阶段都能参加相应的培训，包括入职培训、岗位培训、专项培训、管理人员培训等。D公司：我们企业非常重视员工，尽可能地为员工创造好的环境，例如给员工提供免费宿舍、公司有食堂，给他们解决户口，以解决员工的后顾之忧。

企业的一切活动都要围绕组织目标来进行，人力资源管理也不例外。当企业为了实现某一目标时，招聘、培训、薪酬等人力资源管理实践要相应地做出调整，以确保组织目标的实现。A公司：如果企业现在的目标是到海外投资建厂，那么公司肯定要招聘一些既懂外语又有专业知识的国际化人才。为了给公司培养更多的优秀人才，我们会经常组织员工培训，鼓励员工在工作之余继续学习。B公司：人力资源对实现公司的目标非常重要，是公司的战略伙伴，我们为员工设计了良好的职业发展通道，营造了人尽其才的良好环境。C公司：人力资源对实现我公司的发展目标非常重要，公司会依据未来几年的发展战略，培养和储备相关人才。我们建立了一套以市场为导向的人力资源管理体系，建立了人员能进能出、收入能增能减的目标，以精简队伍，提高劳动生产率。D公司：对于公司来说，经济目标肯定是我们必须要追求的，但人本目标也同样重要，公司采取任何人力资源管理实践都围绕着这两个目标进行。

外部环境的变化也会影响企业的人力资源管理，促使其改变以适应环境的要求。A公司：作为国有大型企业，公司主动承担社会责任，坚持为职工按期足额缴纳养老、失业、医疗、工伤和生育等社会保险，并努力起到表率和带头作用。B公司：为保证公司在行业竞争中处于领先，我们致力于发展员工的知识和技能。作为一家外资公司，我们首先要遵从中国的各项法律规章制度，为员工缴纳各种社会保险。C公司：为使公司在市场竞争中立于不败之地，我们注重提升员工的能力，及时对员工薪酬进行调整。根据《劳动法》和《合同法》的要求规范员工，坚持男女平等、同工同酬，没有任何歧视性的政策和规定，更不存在雇用童工和强制劳动的现象。D公司：为了增强我们在市场上的竞争力，吸引更多的优秀人才，我们的工资高于市场平均水平。作为一家科技型公司，技术的发展会影响我们的招聘、培训等。随着现代《劳动法》和市场经济的不断规范，我们也在探讨合适的分配机制，以更好地激励人才。

第三节　人力资源管理系统选择模式的内容分析

以往的研究对企业采用人力资源管理系统的动因进行了有益的探究并提供了可借鉴的思路。但很少有人追问在企业的实践活动中，到底有哪些因素确实能影响它们采用人力资源管理系统？这些因素对不同企业的影响是否存在差异性？如果没能从质性的角度对这些问题进行回答，将很难知道什么是促使公司有效地采用人力资源管理系统的决定因素，其量性研究的准确性也将大打折扣。

本书以在中国境内的已采用较为完备的人力资源管理系统的国有企业、

民营企业、外资企业为研究对象，通过搜索这些企业人力资源管理说明获取质性分析的情境性资料，运用内容分析技术对这些资料进行结构化的分析，归纳出影响因素，构建人力资源管理系统选择动因的理论模型，并研究影响因素在企业特征、行业背景上的差异，以启迪企业有效地采用人力资源管理系统，最终在市场竞争中取得优势。

一、研究方法与设计

1. 研究方法

本书选择了内容分析法检验影响企业采用人力资源管理系统的因素。内容分析法的研究对象是文献的内容特征，它用规范的方法读取文献内容，在定性分析的基础上将大量的文献信息以量化的形式表达出来，可以克服定性研究的主观性和不确切性的缺陷（黄紫菲，2006）。20世纪80年代末期以来，内容分析法在管理领域的研究中越来越重要，如战略管理、创业研究、企业发展等领域，在人力资源管理领域也是一种有效的研究方法（颜士梅，2008）。为实现本书的研究目的，研究对象为已采用完备人力资源管理系统的企业，与其他调查方法相比，内容分析法可以更为容易地找到合适的研究对象，获得丰富的研究资料，有利于深入地探索研究问题，还能避免由于研究对象的介入而引起的偏差，从而提高结果的信度和效度。

首先，本书对确定为研究对象的企业网站上的人才战略、人才发展、职业发展等与企业人力资源政策有关的资料进行分析。这些资料客观地记录了企业为什么采用某种人力资源管理系统、采用什么样的人力资源管理系统、如何实施，以及当条件发生变化时企业的人力资源管理系统是否相应调整等信息，基本上能全面地反映企业人力资源管理情况。其次，针对这些资料，采用定量语义内容分析法，以语句为最小分析单元，逐字逐句进行分析。再次，将原始资料切割、分解得到的若干"信息元"进行概念化和范畴化尝试。最后，将相似的概念和范畴进行归类形成主范畴，从而离析出企业人力资源管理系统选择的具体决定因素，构建理论框架。

2. 数据来源与样本选择

先进的企业采用完备的人力资源管理系统的概率更大，因此，本书从

"中国最佳雇主企业""中国最佳人力资源典范企业""中国大学生最佳雇主调查""中国最佳雇主"中选取样本企业。其中，"中国最佳雇主企业"由中国人力资源发展研究院、世界企业竞争力实验室主办，经济学人周刊和世界人力银行联合主办；"中国最佳人力资源典范企业"由国内最大的人力资源服务商前程无忧承办；"中国大学生最佳雇主调查"由国内最大、最具权威性的专业人才招聘网站之一的中华英才网主办；"中国最佳雇主"由国际人力资源管理协会、中国最佳雇主年度评选组委会和中企联合（北京）人力资源管理中心主办。可以说，这四种人力资源管理评选基本上代表了目前中国人力资源管理领域意义重大的奖项，获奖企业的人力资源管理处于领先地位，除去重复出现的一共包括 245 家企业。本书检索了这 245 家企业的网站，按照企业的人才观念是否符合人力资源管理系统特征的原则进行筛选，除去一些网站打不开、没有正式官方网站、没有相应的人才观念说明的企业，最终获取有效样本 87 个，其中国有企业 33 家，民营企业 16 家，外资企业 38 家。从公司所属行业来看，主要分布在能源、机械、金融、软件、房地产、通信、制造等行业。本书同时按照《国民经济行业分类标准》将 87 个样本企业划分为制造业和服务业两类，其中制造业包括工业、建筑业、能源和机械等，共计 57 家，服务业包括金融业、房地产业、社会服务业、住宿和餐饮业、批发和零售业等，共计 30 家。

3. 信度、效度检验

本书通过计算编码者的一致性程度检验内容分析的信度。编码及数据统计工作由研究者本人和两位企业管理专业的研究生共同完成。当三位研究者的编码工作完成后，对编码者的一致性进行检验，一致性系数为 97.80%，同时针对结果的差异之处进行讨论后达成一致共识，可信度满足理论要求。

本书采用常用的内容效度检验方法验证内容分析的效度。首先，本书的人力资源管理系统选择动因编码类目都是严格根据以往研究和相关理论发展而来的，并针对主题类目的分类，多次进行测试和分类，因此具有较好的理论和实践基础。其次，在正式研究之前先培训了编码人员，并进行了预研究。每个编码人员分别独立地对资料进行预研究，共同修正和确认标准，最终达成一致共识。最后，研究者邀请了两位企业高层对其内容效度进行了评价，进一步验证编码的可靠性。因此，本书内容分析的效度水平较高。

二、内容分析结果

1. 范畴抽取

通过对获得的原始资料进行编码，随后对这些资料概念化和范畴化（见表 5.4），得出中国企业选择人力资源管理系统的影响因素。

表 5.4　编码的概念与范畴

概念化	范畴化	主要范畴
a1 人力资源对公司发展很重要	A1 重视 HRM (a1~a3)	A 重视员工
a2 重视人才队伍建设		
a3 重视员工培养		
a4 为员工发展创造条件	A2 重视员工发展 (a4~a5)	
a5 追求公司和员工的共同发展		
b1 公司的发展目标	B1 经济目标 (b1~b3)	B 组织目标
b2 财务资本增值的目标		
b3 经营目标		
b4 人才问题	B2 人本目标 (b4~b7)	
b5 人力资源政策		
b6 人才保障		
b7 人才需求		
c1 遵从法律政策	C1 环境复杂性 (c1~c5)	C 环境不确定性
c2 现代企业制度的完善		
c3 市场经济的不断规范		
c4 适应国家、社会战略需要		
c5 文化的影响		
c6 市场的不断变化	C2 环境动态性 (c6~c8)	
c7 同行业的竞争		
c8 复杂严峻的经济形势		

表 5.4 显示了资料整理后得出的概念和范畴的结果。范畴中的 A1、A2 表示了企业重视员工的分类。根据资源基础论的观点，人力资源是企业竞争优

势的来源之一（Barney and Wright，1998）。人力资源管理（HRM）在吸引、开发和保留员工方面有重要作用，与此同时，企业也应尽可能地为员工创造好的发展环境，充分发挥他们的能力和挖掘他们的潜能。因此，本书将重视员工划分为 2 个范畴：重视 HRM 和重视员工发展。范畴中的 B1 和 B2 表示了组织目标的分类。一方面，企业追求经济目标使其能够生存发展；另一方面，企业也应关心员工的利益和成长。因此，本书将组织目标划分为 2 个范畴：经济目标和人本目标。范畴中的 C1 和 C2 表示了环境的不确定性。企业在面对错综复杂的环境时，要同时应对社会文化、法律法规、国家政策的影响以及同行业竞争、市场不断变化的冲击。因此，环境不确定性划分为环境复杂性和环境动态性两个范畴。

2. 理论建构

在综合分析文献资料后，发现影响中国企业选择人力资源管理系统的因素主要有三个：重视员工、组织目标和环境不确定性。基于此，可以概括并构建人力资源管理系统选择动因的理论模型，具体如图 5.2 所示。

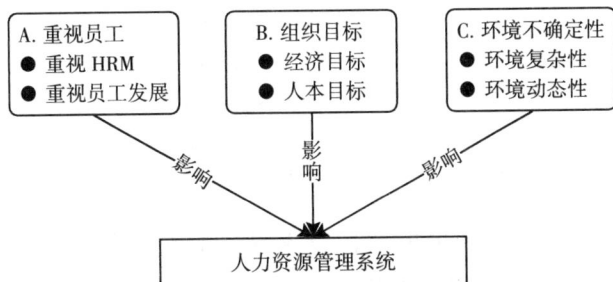

图 5.2　人力资源管理系统选择动因理论模型

如果高层经理认为员工对企业发展很重要，就会让员工更大程度地参与公司战略的制定和执行，越有可能采用人力资源管理系统。组织目标决定了公司的资源分配，同等重视经济目标和人本目标就会在人力资源方面上投入较多资源，关注公司的人力资源管理发展，采用人力资源管理系统的可能性就越大。外部环境会影响企业的人力资源管理，在复杂和动态的环境中对人力资源管理的要求更高，因此采用较先进的人力资源管理系统更为合适。

3. 统计分析

本书从两个角度研究企业人力资源管理系统的选择动因，第一个角度是从总体进行统计分析，即不考虑企业背景而总体捕捉选择人力资源管理系统的影响因素；第二个角度是将企业背景变量纳入进行分析，由于样本企业规模都比较大，主要研究影响因素各个维度在企业特征和行业上的差异性。

从表 5.5 可以发现，不考虑企业背景，总体来看，对企业选择人力资源管理系统影响最高的因素是重视员工，频次为 87，占总频次的 46.28%；其次为组织目标，占总频次的 34.57%；最后是环境不确定性，占总频次的 19.10%。

纳入企业特征和行业变量后，重视员工、组织目标、环境不确定性各个维度的内容统计分析结果分别如表 5.6、表 5.7 和表 5.8 所示。

表 5.5　基于总体角度的人力资源管理系统影响因素的编码结果

因素	频次	占总频次比例（%）	子维度	频次	占总频次比例（%）
重视员工	87	46.28	重视 HRM	79	27.05
			重视员工发展	74	25.34
组织目标	65	34.57	经济目标	42	14.38
			人本目标	54	18.49
环境不确定性	36	19.10	环境复杂性	22	7.53
			环境动态性	21	7.19

由表 5.6 的频次分析结果可知，在重视员工的两个维度中，国有企业和民营企业采用人力资源管理系统受重视 HRM 和重视员工发展的影响差不多，其频次都很接近；外资企业中受重视 HRM 和重视员工发展影响的差别也不大。当用卡方检验法（设 $\alpha = 0.05$）分析国有企业、民营企业和外资企业在重视员工对人力资源管理系统选择影响的显著差异性时，得出的卡方值为 0.51，p 值为 0.78（大于 0.05），所以不具有统计显著性，说明在不同所有制企业中，重视员工对选择人力资源管理系统的影响不存在显著差异。

表 5.6　基于企业所有制、行业重视员工维度的统计结果

	企业特征			行业	
	国有企业 （比例）	民营企业 （比例）	外资企业 （比例）	制造业 （比例）	服务业 （比例）
重视 HRM	28（49.12%）	16（51.61%）	35（53.85%）	49（50%）	30（54.55%）
重视员工发展	29（50.88%）	15（48.39%）	30（46.15%）	49（50%）	25（45.45%）

表 5.6 的频次分析结果显示，对制造业企业来说，重视 HRM 和重视员工发展对其选择人力资源管理系统的影响相当，其频次分别为 49 和 49；对服务业企业来说，其选择人力资源管理系统时受重视 HRM 和重视员工发展的影响相当。当用卡方检验法（设 $\alpha = 0.05$）来分析重视员工在制造业和服务业企业的差异性时，得出的卡方值为 0.50，p 值为 0.48（大于 0.05），结果显示差异不显著，说明在不同行业中，重视员工对企业选择人力资源管理系统的影响没有显著差异。

表 5.7 的频次分析结果显示，就两种组织目标对人力资源管理系统的影响而言，在国有企业、民营企业、外资企业中，人本目标的影响很大，也就是说，很重视人本目标的企业采用人力资源管理系统的可能性更大。当用卡方检验法（设 $\alpha = 0.05$）分析组织目标对人力资源管理系统选择的影响与企业所有制是否有关时，得出的卡方值为 3.53，p 值为 0.17，因此，得出的结论是差异不显著，说明组织目标对人力资源管理系统选择的影响与企业所有制无关。

表 5.7 的频次分析结果显示，制造业和服务业中采用人力资源管理系统的企业都更多地受到人本目标的影响，其次是经济目标。当用卡方检验分析两种组织目标对人力资源管理系统选择的影响在制造业和服务业是否存在显

表 5.7　基于企业特征、行业的组织目标维度的统计结果

	企业特征			行业	
	国有企业 （比例）	民营企业 （比例）	外资企业 （比例）	制造业 （比例）	服务业 （比例）
经济目标	20（47.62%）	6（35.29%）	16（43.24%）	29（43.94%）	13（43.33%）
人本目标	22（52.38%）	11（64.71%）	21（56.76%）	37（56.06%）	17（56.67%）

著差异时，卡方值为 0.02，p = 0.89 > 0.05，说明制造业和服务业企业采用人力资源管理系统受到组织目标的影响并没有显著差异。

从表 5.8 中可以发现，环境动态性比环境复杂性对国有企业选择人力资源管理系统的影响更大；环境动态性和环境复杂性在民营企业中的影响一样；在外资企业中，环境复杂性的影响虽然更大一些，但同环境动态性影响的差别并不大。卡方结果显示，卡方值为 1.68，p = 0.43 > 0.05，说明环境不确定性对不同性质的企业采用人力资源管理系统的影响没有显著差异。

从表 5.8 中还可以看到，影响制造性企业选择人力资源管理系统的因素由高到低依次为环境动态性、环境复杂性；影响服务性企业选择人力资源管理系统的因素由高到低依次为环境复杂性和环境动态性。用卡方检验进行差异性分析，卡方值为 11.64，p = 0.001 < 0.05。卡方研究结果表明外部环境不确定性对不同行业的企业采用人力资源管理系统的影响有显著差异。

表 5.8　基于企业特征、行业的环境不确定性维度的统计结果

	企业特征			行业	
	国有企业 （比例）	民营企业 （比例）	外资企业 （比例）	制造业 （比例）	服务业 （比例）
环境复杂性	8（47.06%）	4（50%）	10（55.56%）	12（42.86%）	10（66.67%）
环境动态性	9（52.94%）	4（50%）	8（44.44%）	16（57.14%）	5（33.33%）

三、内容分析结论与讨论

在本书的研究中，先基于已采用人力资源管理系统企业的资料进行内容分析，得出影响企业采用人力资源管理系统的因素，并构建了人力资源管理系统选择动因的理论模型，初步明确了我国企业采用人力资源管理系统的具体因素及其特征。

人力资源管理系统选择动因的分析结果显示：第一，总体来看，影响中国企业选择人力资源管理系统的因素主要有重视员工、组织目标和环境不确定性。重视员工包括重视 HRM 和重视员工发展。重视 HRM 会影响企业采用人力资源管理系统的结论与 Wei 和 Lau（2005）的观点不谋而合，他们认为高层经理对 HRM 的重视程度与采用人力资源管理系统存在正相关关系。与他

们观点不同的是，本书发现重视员工发展对采用人力资源管理系统也有很大的影响。高层经理重视员工发展，会为员工发展创造条件，提供广泛的培训、竞争性的薪酬、良好的福利、信息共享机制等，因此，采用人力资源管理系统的可能性很大。组织目标分为经济目标和人本目标，这些采用人力资源管理系统的企业都很关注人本目标。Wang 等（2007）的观点从侧面进一步验证了这一结论，他们认为对经济目标和人本目标的共同重视与采用高绩效人力资源实践正相关。环境的不确定性对企业采用人力资源管理系统有影响，基于制度理论和权变理论，环境对组织战略有决定作用。制度理论关注环境对组织行为的影响，特别是以怎样的方式决定组织的战略选择；权变理论强调组织与环境如何更好地匹配。随着技术的不断进步和全球化发展趋势的推进，环境复杂性、动态性的特征愈发明显，导致企业间的竞争日益加剧，迫使企业采用人力资源管理系统以应对外部环境的变化。第二，三个因素的影响力大小依次为重视员工、组织目标、环境不确定性，而且重视员工和组织目标的影响远大于环境不确定性。这表明企业是否采用人力资源管理系统的主要影响来自于企业内部的因素，外因的影响有限。

基于企业特征和行业背景的人力资源管理系统选择动因的分析结果表明：第一，影响人力资源管理系统选择的三种因素在国有企业、民营企业和外资企业中没有差异。Wei 和 Lau（2005）的研究体现了这一观点，不同所有制企业在人力资源管理重视和人力资源管理能力对采用人力资源管理系统影响上的差异并不明显。这可能是因为中国境内企业的人力资源管理方法大都来源于西方国家；中国企业的人力资源实践更多地朝着西方发达国家那种高级化、标准化的以市场为导向的方向发展（Benson and Zhu，1999；Wang，1994；Zhu and Dowling，2002）。当不同所有制企业已经普遍采用西方高绩效人力资源实践，并且在绝大多数实践的差异性不大的情况下（Wang et al.，2007），是否采用人力资源管理系统受外界条件的影响当然差异性不大。基于以上原因，重视员工、组织目标对不同所有制企业选择人力资源管理系统的影响差异不明显。第二，重视员工、组织目标对不同行业的企业采用人力资源管理系统的影响一样；而环境不确定性对不同行业的企业影响则不一样。在制造型企业中，环境动态性的影响更大一些。其原因在于相对于服务型企业而言，制造型企业的技术、顾客需求、竞争对手行为等变化更快，而企业的产品质量、经营运作、市场机会等受供应商、客户、社会公众、政府政策的影响较小。在外部环境变化较快、生产技术复杂、需要技能较高等条件下，采取高参与工作系统有效（Lalwer，1992）。因此，环境动态性对制造型企业采用人力资源管理系统的影响更大一些。在服务型企业中，环境复杂性的影响更大一些。其原因在于服务型的企业更注重提供"服务"，需要根据服务对象调整产品的特性，受供应商、客户、社会公众、政府政策的影响较大。因此，环境复杂性对服务型企业采用人力资源管理系统的影响更大一些。

总之，本书的研究聚焦在企业人力资源管理系统的选择动因，通过分析得出主要因素有重视员工、组织目标和环境不确定性，并进一步探索了这些因素在不同性质、不同行业的企业中的表现形式是否有所不同。研究结论为中国企业人力资源管理系统的选择提供了理论借鉴和实践参考。但还存在一定的局限性，因为本书是质性研究，虽然在研究设计中尽可能地减小研究偏差，但是尚需采用大规模样本进行实证研究以进一步验证本书的研究结论。

第四节　人力资源管理系统选择模式假设提出

一、重视员工对人力资源管理系统选择的影响

1. 重视员工

依据资源基础论，人力资源是公司持续竞争优势的来源（Wright et al.，1994；Jackson and Schuler，1995）。这一观念基本已成为所有企业的共识，致使企业在管理理念、管理方式、用工制度等诸多方面越来越重视员工。重视员工指将员工视为最宝贵、最重要的战略资源，将其视为企业未来发展的最重要的核心资源之一。基于内容分析和深度访谈得出的结果，目前我国企业实践中关于重视员工的界定集中体现在重视人力资源管理和重视员工发展两个方面。

　　人力资源管理是依据组织和个人发展的需要，对组织中的人力这一特殊资源进行有效开发、合理利用与科学管理的机制、制度、流程、技术和方法的总和（彭剑锋，2008）。人力资源管理通过各种人力资源职能的有效实施帮助企业在激烈的竞争中获取竞争优势。人力资源职能（HR Function）在开发公司持续竞争优势方面扮演着重要角色（Barney and Wright，1998）。它能为公司提供有价值的、稀缺的、难以被其他公司模仿的资源，促使有技术的和工作积极的员工提供高质量的产品和服务。同时，它也很关注开发和谐的人力资源管理实践系统来支持这些目标。因为仅当各种人力资源实践形成高度参与的系统时才与财务绩效有很强的正向关系（Wright et al.，1996）。公司的高层管理者、直线管理人员、人力资源部和公司的每一位员工都有各自的人力资源管理职责和责任（彭剑锋，2008）。高层管理者对企业的重要性不言而喻（Martell and Carroll，1995），他关系着企业全体员工的利益，指领着全体员工在复杂多变和充满着激烈竞争的市场环境中乘风破浪。高层管理者的人力资源职能主要体现在规划人力资源管理发展的方向，制定人力资源政策、战略等方面，是决定企业人力资源管理的关键所在。高层管理者与人力资源经理有着密切的关系（Ulrich，1997；Butler et al.，1991；Lado and Wilson，1994），并且只有当高层管理者真正意识到人力资源的重要性时，才能实施合理的人力资源管理（Brewster et al.，1997；Budhwar，2000）。因此，本书认为，重视人力资源管理应是公司的高层经理认为人力资源是竞争优势源泉而不是一种成本，相比于其他职能更加关注人力资源管理，在这方面投入更多的资金，与之相关的问题都是高层管理者制定决策时优先考虑的。

　　在早期文献中，员工发展作为一种机制，主要用于帮助个人实现自我发展和自我充实的目标（Tansky，1991）。它主要强调员工个人的知识增长和经验积累。基于此，Jacobs（1996，1997）提出了员工发展的五个阶段，即新手、行家、有经验的行家、专家和大师，该分类表明对于执行一项特定的任务时，随着工作复杂性的加大，对员工知识和经验的要求将越来越高。员工发展包括培训、以工作为基础的发展、自学和事业计划（Birdi et al.，1997）。Koch 和 McGrath（1996）用正式培训项目的数量和内部晋升的比率来测度员工发展。但根据 Jacobs 和 Washington（2003）的观点，员工发展指的是组织在一段时间内为员工提供综合的计划方案，以帮助确保所有个人在支持该组织目标的过程中员工也有能力来充分发挥自己的潜力。这不仅强调了员工的个人发展，也强调了员工发展对提升组织绩效有重要作用，因此，他们提出从现有组织绩效产出和个人绩效评估数据两方面衡量员工发展。由此可以概括出员工发展应该表现在两个方面：员工个人发展和员工为企业发展做贡献。前者指员工的工作技能和自我潜能得到发展，后者指个人利益和企业利益都得到统一与满足。重视员工发展，既要关注员工的个人发展，又要关注员工在组织发展中的作用。

2. 重视员工与人力资源管理系统选择

高层管理团队对组织行为和产出影响的重要性不言而喻（Song et al.，2014），总经理的特征与我国企业是否采用西方模式的人力资源实践关联性很大（Frear et al.，2012）。重视人力资源管理应是公司的高层经理相比于其他职能更加关注人力资源管理，在这方面投入更多的资金，与之相关的问题都是高层管理者制定决策时优先考虑的。如果高层经理认为人力资源管理对公司发展很重要，就会更加关注人力资源管理与公司战略的融合。在美国（Bennett et al.，1998；Lewin and Yang，1992）和韩国（Bae and Lawler，2000）的情境中已证实，当组织非常重视人力资源管理并将人作为竞争优势的源泉时，很有可能采取高参与性人力资源管理战略。

重视员工发展意味着高层经理力求员工价值与公司价值同步实现、员工与公司共同成长和相互促进。人力资源管理系统的一个特征就是如何配置人力资源以实现组织的目标。因此，重视员工发展将成为采用人力资源管理系统的重要诱因。

Chow等（2008）认为成本型战略与控制系统正相关，质量型战略与承诺系统和合作系统正相关，创新型战略与承诺系统正相关，质量型战略和承诺系统的交互作用提升企业绩效，创新型战略和承诺的交互作用提升企业绩效。Youndt等（1996）认为成本战略在控制型人力资源系统与企业绩效中起正面调节作用，质量战略和弹性战略在人力资本提升系统和企业绩效中起正面调节作用。成本型战略致力于降低成本来赢得竞争优势，降低员工成本往往是企业降低成本的重要举措；质量型战略集中于提升产品或服务质量获得竞争优势，具有技术和问题解决能力的员工在全面质量管理中往往更重要（Hayes et al.，1988）；创新型战略在产品和服务上不断创新来保持独特竞争优势，需要具有创造力的员工；弹性战略指对变化的迅速反应，需要技术水平高、能力强的员工处理那些非常规的特殊情况（Upton，1995）。成本型战略将尽可能地减少在人力资源上的投资，较少为员工提供培训和学习的机会，不太重视员工发展及其在企业发展中的作用。其他战略则表明了员工在实现企业战略中的重要性，对于制定战略的企业高层管理者而言，将会非常重视人力资源管理和员工发展，采用更加规范的承诺型人力资源管理系统以充分发挥员工在实现企业战略中的作用。基于此，本书提出以下假设：

H5a：重视人力资源管理与采用人力资源管理系统正相关。

H5b：重视员工发展与采用人力资源管理系统正相关。

H5c：企业越重视人力资源管理，越可能采用承诺型人力资源管理系统。

H5d：企业越重视员工发展，越可能采用承诺型人力资源管理系统。

二、组织目标对人力资源管理系统选择的影响

1. 组织目标

Simon（1964）基于组织理论将组织目标描述为规定，或是一系列的规章，即组织与员工个人动机仅有间接关系，从狭义上讲，组织目标用来特指上层管理者制定的规定。Mohr（1973）认为 Simon 的定义不足以作为组织目标的一般性定义，因为它研究起来过大以及难以判别规定的标准，进而指出组织目标指组织内的计划目标，并直接与组织结构本身或组织环境的某些方面相关。Vancouver 和 Schmitt（1991）认为组织目标反映了组织创立者和领导者的价值与承诺，将组织和员工联系在一起，用个人—组织匹配类型衡量组织成员对组织目标的认可度。根据 Chen（1995）的观点，通常所说的组织目标包含两个概念，即经济目标（Economic goals）和人本目标（Humanistic goals），前者以收益和效率指标来衡量，如生产率、收益率等，后者则以员工成长和福利指标来衡量，如员工参与、员工满意度等。概括学者的观点，可以发现组织目标涉及两个方面，一是组织，二是员工。前者的目标通常是企业发展、财务值增加、利润率等，后者的目标通常是提高员工承诺、增加员

工满意度、改善员工工作环境等。本书的研究采用 Chen 对组织目标的定义，即组织目标包括经济目标和人本目标。经济目标是企业的使命所在；人本目标的责任在于关注员工福利。

各种组织目标的重要性在各个组织中有所不同，即使对同一个组织来说，目标重要性也会随环境和组织成员需求的变化而变化（Leventhal et al.，1980）。改革开放后，中国企业目标的优先性发生了变化，改革前把社会和人本目标放在首位，其次才是销售额和利润率等经济目标，改革开放后则先是经济目标，然后才是人本目标（Chen，1995）。随着中国改革开放逐步深入，特别是加入 WTO 后，迫使中国企业越发重视经济目标的实现（Ahlstrom et al.，2005；Zhu and Warner，2004）。近年来，传统人力资本研究的一个重大突破就在于关注人力资本的战略重要性（Wright et al.，2014），绝大多数人力资本的相关文献都有力地证明了个人的知识、技术、能力与其他特质自然会对企业产生积极效果（Coff and Raffiee，2015；Barnes et al.，2016）。因此，一些企业把人本目标和经济目标放在同等重要的位置。

2. 组织目标与人力资源管理系统选择

改革开放后，经济增长一直是我国各级政府重点关注的目标，许多企业自然把经济目标放在首位。Lee 和 Johnson（1998）指出在一个地区中经济增长快的部门最适合高参与性人力资源管理战略。但是，依据人力资本理论，人力资本比物质资本对企业的贡献更大，重视人本目标同样给企业带来收益增长。一般来说，经济目标和人本目标相互促进，也就是说，尽管企业更重视人本目标，但组织的财务收入也会增长（Pfeffer and Veiga，1999）。无论是西方发达国家的成功经验，还是我们调查的企业经营发展与人力资本状况的正相关关系，都极其有力地证明了人力资本投资是现代企业进步发展的最有力手段（赵曙明和覃友茂，1998；高素英等，2010）。因此，一些企业把人本目标和经济目标放在同等重要的位置。如果企业同样重视经济目标和人本目标，将采用高绩效人力资源实践（Wang，2007）。组织目标侧重点不同会导致资源分配上的差异，比如，中国企业在薪金分配上采用不同的原则以满足组织目标优先性的要求（Chen，1995）。很重视人本目标的企业在人力资本投资上会投入更多资源。企业人力资本投资形式包括招募聘用、福利保障、医疗保健、团队活动、教育培训、晋升流动、交流学习、职业生涯管理、激励考核（张运婷和刘苹，2009）。与重视人力资本投资相匹配的人力资源实践包括：招聘时严格选拔那些具有内在特质和发展潜能的员工，在培训上投入更多的资金以及多样化的培训方式，提供较高的薪酬并致力于实现内部公平，根据团队绩效进行奖励，绩效评估时着眼于员工发展、鼓励员工参与公司决策制定等。组织目标不同导致人力资源管理系统构型也有所不同（Unsworth et al.，2013），人力资源管理实践被视为引发和维持所期望的员工行为最直接的手段（Coff R. and Kryscynski，2011）。因此，本书提出如下假设：

H6a：同样重视经济目标和人本目标的企业与采用人力资源管理系统正相关。

H6b：采用承诺型人力资源管理系统的企业比采用控制型人力资源管理系统的企业更重视人本目标，在经济目标上差异不大。

三、环境不确定性对人力资源管理系统选择的影响

1. 环境不确定性

Duncan（1972）认为环境不确定性包括不能确定未来事件、缺少决策信息、无法确定决策的结果，可由环境复杂性和动态性两个维度构成。Milliken（1987）提出了环境不确定性的一般性定义，个人由于缺少信息不能准确地预测组织外部环境变化。同时，Milliken把环境不确定性划分为三种类型：状态不确定性、效果不确定性和反应不确定性。王伟毅和李乾文（2007）综合了各位学者对环境不确定性的论述之后，提出环境不确定性来源于外部环境，同时也与决策者的能力和知识相关，它对公司决策和绩效具有重要的影响作用，是一种对公司绩效具有重要影响作用的权变因素，主要表现在环境的动态性、复杂性和宽容性三个方面。以中国为情景的研究中，多数都从环境复杂性和动态性两方面测度环境不确定性（高山行等，2009；文东华等，2009；吕鸿江和刘洪，2010）。本书的研究也从这两个方面研究环境不确定性。

环境复杂性指与组织制定决策密切相关的因素或者组成部分的数量以及一致性（或多样性）（Tung，1979）。众多国内外学者对环境复杂性的定义基本与Tung的相类似。Child（1972）认为环境复杂性是组织活动的异质性和范

围。王伟毅和李乾文（2007）则认为环境的复杂性是指参与要素的数量、规模、差别产品、技术差异及技术应用规模和速度，新产品的出现频率，新竞争对手的进入频率，供应链，客户关系以及政府干预经济的程度等。文东华等（2009）提出环境复杂性程度指各方面所包含环境要素的数量与异质性，如在客户方面，环境要素的数量指客户群类型的数目，异质性指不同类型客户群的不相似程度。根据这些学者的观点，总结出环境复杂性表现在两个方面：一是环境要素的数量，即企业经营中有关的客户、技术、竞争者等内外环境要素的数目；二是环境要素的异质性，即企业经营中有关的客户、技术、竞争者等内外环境要素的差异程度。

环境动态性是指环境变化的速度和幅度，如果环境要素发生剧烈的变化，则可称之为动态环境；如果变化很小、渐进或缓慢地进行，则可称之为静态环境（王伟毅和李乾文，2007）。文东华等（2009）认为动态性程度指各方面发生变化的程度和未来不可预测程度。贺远琼等（2008）认为动荡性是指外部环境中的技术要素、市场规则等发生变化的速度。组织理论和经营政策的大部分研究认为最好以流动率、变化、不可预测性三项指标衡量环境的动态性（Dess and Beard，1984）。可见，检验环境动态性要从企业经营中有关的客户、技术、竞争者等内外环境要素的变化和不可预测两个维度进行。

2. 环境不确定性与人力资源管理系统选择

环境的动荡性和不确定性将在未来的人力资源管理关键问题上有重要影响（Kamoche，2001）。由于独特的文化和处于经济转型期，中国企业的人力资源管理实践以及效果与特定的环境有关（Zhou，Liu and Hong，2012）。外部环境会影响人力资源管理，也就是说人力资源实践要与环境相匹配（Hendry and Pettigrew，1988）。因此，环境不确定性会影响企业采用人力资源管理系统的模式。

在中国转型背景下，企业面对比较复杂的环境时，更倾向于采用防御型战略（Tan and Litschert，1994）。采取防御型战略的企业必须能对竞争对手的行动迅速做出反应，需要招聘、开发和保留具备应付复杂环境的员工，因此采用承诺型的人力资源管理系统比较合适。挑选那些有发展潜能的员工、为员工提供多样化的培训机会、让员工积极参与公司决策制定，帮助企业应对复杂的环境。

人力资源能力是企业成功适应环境变化最关键的能力之一（Breznik and Lahovnik，2014）。在稳定的环境中，人力资源实践对公司影响不太大，而在非常动荡的环境中，人力资源实践对公司影响比较明显（Ordiz and Fernández，2005）。人力资源管理构型要与企业面临的经营环境相一致（Beer et al.，2015）。在环境非常稳定的情况下，采取高控制型工作系统较为合适；在环境相对稳定的条件下，采取高参与工作系统较为合适（程德俊、赵曙明，2006）。环境动态型与控制型人力资源管理系统负相关（Miller，1986）。当外部环境变化较快、生产技术复杂、需要技能较高等条件下，采取高参与工作系统有效（Lalwer，1992）。

但是，当环境的动荡性太大时，它给企业经营带来变化的不确定性和不可预见的风险。一旦面临这些风险，企业就需要保守的人力资源管理方式来缓解环境不确定性的影响。本书的研究更倾向于认为环境不确定性和采用承诺型人力资源管理系统是一种曲线关系。一些以往的研究或多或少地证明了这一点。Huselid（1993）指出环境波动对公司采用人力资源计划和战略人力资源管理有重要影响，他将环境波动性划分为产品市场波动性和劳动力波动性，过高的产品市场波动性和劳动力波动性使得采用人力资源计划和战略人力资源管理有困难，因为就业的巨大变化让劳动力预测很不准确，而稳定的环境不需要准确的计划项目。基于此，他提出产品市场波动性和劳动力波动性与采用人力资源计划和战略人力资源管理呈"倒 U 型"曲线关系，处于中等波动性环境的企业最易使用人力资源计划和战略人力资源管理。Sheppeck和 Militello（2000）认为在比较稳定的环境中，公司一般不太重视人力资源管理，人力资源管理效果也不太好；而当环境动态性增强时，公司对人力资源管理的重视程度也随之上升，人力资源管理效果也比较好，但环境处于中等动态时，公司对人力资源管理的重视程度最高。借鉴上述研究成果，本书提出以下假设：

H7a：环境复杂性与企业采用人力资源管理系统存在"倒 U 型"曲线关系。

H7b：环境动态性与企业采用人力资源管理系统存在"倒 U 型"曲线关系。

H7c：面对适中的环境复杂性时，企业更愿意采用承诺型人力资源管理系统。

H7d：面对适中的环境动态性时，企业更愿意采用承诺型人力资源管理系统。

第五节　本章小结

首先，本章在现有文献研究的基础上，分析得出人力资源管理系统构型可分为两类：承诺型和控制型，而且企业所有制、规模对其有影响，并且，基于相关理论和文献基础对其进行更为深入、全面的剖析，提出人力资源管理系统与企业绩效直接影响以及企业特征调节作用的理论假设。其次，对国内四个不同所有制的企业进行探索性案例研究，探析人力资源管理系统的影响因素，通过归纳、总结得出最为重要的影响因素：重视员工、组织目标、外部环境，为下一步探究人力资源管理系统选择动因奠定基础。再次，确定87家人力资源管理较好的企业，采用内容分析法对这些企业人才战略、人才发展、职业发展等进行研究和统计分析，归纳出决定企业采用人力资源管理系统的影响因素有：重视员工、组织目标、环境不确定性，与探索性案例研究得出的影响因素基本类似，因此，基本能够确认这三种影响因素对我国企业采用人力资源管理系统有重要影响，是本书进行实证探索和验证的重要基础。最后，在案例研究和内容分析得出人力资源管理系统选择动因的基础上，结合有关文献，进行更为深入的分析。通过系统的梳理与归纳，提出相应假设。研究分析和论证了人力资源管理系统选择动因可分为"重视员工"（包括"重视人力资源管理""重视员工发展"）、"组织目标"（包括"经济目标""人本目标"）、环境不确定性（包括"环境复杂性""环境动态性"）共三个方面，六个主要结构维度，并建立了有关选择动因各维度的操作性定义，以及选择动因对人力资源管理系统选择模式的作用机制。

具体来说，H1主要分析了我国企业的人力资源管理系统构型；H2说明了人力资源管理系统与企业绩效的关系；H3、H4提出了企业特征对人力资源管理系统与企业绩效关系的影响；H5、H6、H7 试图厘清重视员工、组织目标、环境不确定性对人力资源管理系统选择模式的作用机理。

第六章将对本章提出的构念依据相关文献转化为可测量的变量，并说明变量的设计步骤和测度方法、数据来源以及将要采用的研究方法，为第七章的实证分析做准备。

第六章 企业人力资源管理系统选择模式的研究设计

第一节 问卷设计

调查问卷的开发与设计是本书调查研究的一个重要环节。本书的研究将按照图 6.1 所示过程进行问卷调研，具体包括以下几个步骤：

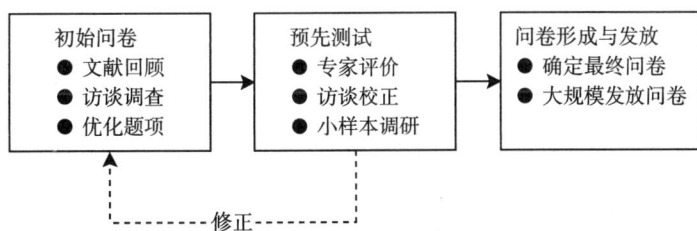

图 6.1 问卷调研路径

1. 初始问卷

借鉴前人的研究成果是科学合理设计测量项目的基础。对于测量量表中各维度的测量条款，可以通过深度访谈、概念化操作与相关文献综述来进行设计（Gremler，1995）。

（1）回顾已有文献。了解已有研究在重视员工、组织目标、环境不确定性、人力资源管理系统测量维度时所使用的方法以及得到的结论。

（2）访谈调查。通过小规模访谈来修改问卷，是问卷设计的必经之路（马庆国，2002）。为了获得一份有效的调查问卷，根据从文献中整理出来的测量条目，结合论文的研究对象和研究特点，我们设计了访谈提纲，主要的问题有："贵公司的人力资源管理怎样？""哪些因素会影响公司人力资源管理实践？"访谈时以上述问题为主线，然后结合具体情况，适当追问或与他们讨论。通过与企业界人士的访谈调研，提炼出符合中国企业实际情况的测量题项，形成初步的问卷题项库。

（3）优化题项。一是请相关领域的专家对已经形成的题项库进行审查，请专家对测量题项的问题设计提出建议，对问卷进行了完善，形成第二稿问卷；二是通过电话、电子邮件、面对面访谈等方式请从事人力资源管理工作的资深职员、人力资源经理，总经理对第二稿问卷进行评阅，就变量测量题项的问题是否与企业实际情况相符、题项可否删减、有无遗漏，以及问卷中的措辞是否易于理解等提出建议，与其商讨后对一些模糊的问题进行修正，以保证量表中翻译问题的准确性，提高测量题项的可阅读性。经过以上三个步骤，形成了本书的初始问卷。

2. 预先测试

初始问卷形成之后，笔者选取了 MBA 班以及熟识企业中对人力资源管理比较了解的人士，大约 30 人，进行了预测试，并请他们在填完问卷后提出一些改进的建议。根据预测试问卷填答情况和反馈回来的意见进行初步检验分析，逐一对各个题项进行修订，并最终确定本研究各个变量的题项。

3. 问卷形成与发放

结合国外对各维度的量表开发，通过与人力资源经理、总经理的访谈，结合专家学者们的意见，以及小规模预调研结果，总结得出本研究各个变量的测量条款，形成了最终调研问卷。各变量在问卷中对应的问题如表 6.1 所示。

表 6.1 各变量在问卷中对应的问题

变量名	问卷中对应的问题
人力资源管理系统	一、1~16
重视员工	二、1~6
组织目标	三、1~9
外部环境	四、1~8

变量名	问卷中对应的问题
企业绩效	五、1~6
背景情况	六、1~8

在本书的研究测评中，我们对每个级别还赋予相应的分值。本书采用对称量表，应用 Likert 5 点式量表的形式，采用 5 级打分法，1~5 依次表示非常不同意（非常不恰当、很低、很不重视）向非常同意（非常恰当、很高、很重视）过渡，分数 3 为中性标准。

将经过优化的最终问卷进行大规模调研，随后，对收集到的有效数据进行问卷的信度、效度分析和研究假设的检验。

第二节 变量测量

一、人力资源管理系统变量测量

依据刘善仕和巫郁华（2008）、苏中兴（2010）的研究，中国企业人力资源管理最为关注招聘、员工培训和发展、员工薪酬、员工绩效评估、员工参与五个方面，本书将从这几个方面测量人力资源管理系统。在设计具体的人力资源管理系统题项指标时，主要参考 Delery 和 Doty（1996）、Lepak 和 Snell（2002）、Chow 等（2008）的问卷，在考虑情境因素的影响下，结合访谈分析的结果，本书对量表做了一定的修改，具体测量指标如表 6.2 所示。

二、重视员工变量测量

重视员工的量表包含重视 HRM 和重视员工发展两部分。其中，重视 HRM 部分的题项来源于 Wei 和 Lau（2005）的问卷，在此基础之上选取了三项最能表示重视 HRM 的题项，用来测量企业中重视 HRM 的情况。重视员工发展部分的题项来源于内容分析结果和访谈分析结果，本书自行设计了三个题项用来测度重视员工发展的情况。具体测量指标如表 6.3 所示。

表 6.2 人力资源管理系统的测量量表

变量		测量指标	指标来源
人力资源管理系统	招聘	企业主要雇用那些已经具备必要的知识与技能的求职者	Delery 和 Doty（1996）；Lepak 和 Snell（2002）；Chow 等（2008）；访谈分析结果
		企业对求职者有严格的甄选	
		公司使用不同的方式去招收员工	
	培训	企业为员工提供广泛的培训	
		企业的培训依照正式明确的程序来进行	
		与同行业的竞争者相比，企业花更多的金钱在员工培训上	
	薪酬	企业的薪酬制度是公平和合理的	
		企业给优秀员工提供奖励性报酬	
		公司为绝大多数员工提供包括员工持股和利润分享等在内的团队分配计划	
		提供有竞争力的工资	
	绩效评估	企业收集不同方面（包括上级、下级和同级）的意见去评核员工	
		公司通常有客观可计量的标准进行绩效评估	
		员工的工作成果是绩效评估中的一个关键部分	
	员工参与	企业注重实现与员工的信息共享	
		企业有正式的员工参与计划	
		企业鼓励员工多提意见，改善内部运作	

表 6.3 重视员工的测量量表

变量		测量指标	指标来源
重视员工	重视HRM	企业高层管理者认为人力资源管理对于本企业十分重要	Wei 和 Lau（2005）；内容分析结果；访谈分析结果
		人力资源相关问题总是高层管理者在制定决策时优先考虑的	
		相对其他管理职能（比如营销、金融），高层管理者更多关注人力资源问题	
	重视员工发展	★创造条件让员工充分发挥聪明才智	
		★公司尽量使员工的工作有趣味	
		★公司对我的个人利益和公司利益同样关心	

注：★项表明是本研究自行设计编制的指标。

三、组织目标变量测量

组织目标量表的设计参考了 Chen（1995）和 Wang 等（2007）的问卷，包括经济目标和人本目标两方面。经济目标关注生产率和利润，人本目标关注员工成长和福利。本书沿袭他们的做法，用了 1 份包含 9 项指标的量表测度组织目标，具体测量指标如表 6.4 所示。

表 6.4 组织目标的测量量表

变量		测量指标	指标来源
组织目标	经济目标	提高现有产品的质量	Chen（1995） Wang 等（2007）
		降低现有生产成本	
		不断改进技术水平来获得效率	
		提高企业在市场上的竞争力	
		提高企业的市场份额	
	人本目标	提高员工满意度	
		改善员工工作生活质量	
		对员工充分授权	
		促进员工发展和成长	

四、环境不确定性变量测量

环境不确定性量表的设计参考了 Duncan（1972）及 Meznar 和 Nigh（1995）的研究，从环境复杂性和环境动态性两个方面测度环境不确定性。本研究沿袭他们的做法，采用了 1 份包含 8 项指标的量表测度环境不确定性。参考有关文献，我们设置如下问题，如表 6.5 所示。

表 6.5 环境不确定性的测量量表

变量		测量指标	指标来源
环境不确定性	复杂性	社会文化、政治或社会事件、政策导向等因素影响企业的产品需求	Duncan（1972）； Meznar 和 Nigh （1995）
		文化、政府政策等因素影响企业的产品质量标准	
		政府、社会公众、媒体、社区等影响企业的内部经营运作	
		政府以及相关部门帮助企业获得各种许可，如引进技术	

变量		测量指标	指标来源
环境不确定性	动态性	本行业的技术变化非常快	Duncan（1972）；Meznar 和 Nigh（1995）
		顾客需求和产品偏好变化非常快	
		竞争对手的竞争策略与行为变化的速度很快	
		本行业替代品出现的速度很快	

五、企业绩效变量测量

本书主要采用主观指标测量企业绩效，理由如下：

（1）大多数公司不愿意为研究者提供客观、真实的财务数据指标，指标的真实性难以保证，采用主观绩效指标测量则更可靠（Covin and Slevin，1989）。

（2）在跨行业的研究中，因为收益水平在不同的行业中差异很大，采用主观指标测量绩效比客观指标更合适（Dawes，1999）。

（3）主观绩效与客观绩效（例如增长率、市场占有率、收益）的相关程度很高，这两种方法在测量结果上具有一致性（Dess and Robinson，1984；Pearce，Robbins and Robinson，1987）。本书参考 Ngo 等（2008）、Chow 等（2008）的测量指标，设计的题项包括利润水平、总销售量、总销售量增长率、市场占有率、总资产增长率和在行业中的竞争地位，将此与本企业所在行业的其他企业相比做出评价。具体指标如表 6.6 所示。

表 6.6　企业绩效的测量量表

变量	测量指标	指标来源
企业绩效	与同行竞争对手相比，在过去的三年里贵公司的利润水平	Ngo 等（2008）；Chow 等（2008）
	与同行竞争对手相比，在过去的三年里贵公司的总销售量	
	与同行竞争对手相比，在过去的三年里贵公司的总销售增长率	
	与同行竞争对手相比，在过去的三年里贵公司的市场占有率	
	与同行竞争对手相比，在过去的三年里贵公司的总资产增长率	
	与同行竞争对手相比，在过去的三年里贵公司在行业中的竞争地位	

六、企业特征变量测量

为了简化企业所有制形式的分类，沿用张一弛（2004）的方法，将企业的所有制形式划分为：传统国有企业、外资企业和民营企业。其中，外资企业包括外商独资企业和中外合资企业，民营企业包括国内民营企业和民营化的国有企业。如果企业特征不属于这三类，都将其放入其他性质中。

行业的分类方法与第三章中行业分类方法一样。

企业规模用企业员工总数测量，这种测量方法具有简单、明了的特点，也与世界主要国家的通行做法一致。在统计时，将企业规模分为100人以下、100~500人、500~1000人、1000~2000人、2000人以上。

成立时间指企业从成立至2009年的年龄。统计时，将企业成立3年以下的样本剔除，分为3~5年、6~10年、11~15年、16~20年、21~25年、25年以上。

第三节　数据收集与样本描述

一、数据收集

高质量的样本数据，是保证实证研究结果可信度的基础，也是提高研究有效性和科学性的重要保障。本书的研究在问卷发放过程中，对填答样本企业、填答对象，以及发放渠道都进行了严格的控制，以尽量排除外部因素的影响。

研究中的样本企业都位于北京、天津、河北三地，如果是其他地区的企业则予以剔除，以期降低区域经济、文化差异对统计数据的影响。样本企业则至少成立三年以上，以确保企业对自身人力资源、企业绩效能有明晰判断。因为，成立年限过短的企业在人力资源和企业绩效上尚未定型，而且人力资源管理政策和实践很难发生大的改变。

在填答对象方面，由于问卷主要涉及人力资源管理方面的问题，且有一些问题涉及企业的战略层面，问卷填写者最好是熟悉整体情况的高层管理者或人力资源经理，因为他们对企业的人力资源管理和整体情况较为了解。因此，研究的发放对象为企业中的高层管理者或人力资源经理。

在发放渠道方面，主要有以下几种途径：

（1）通过与笔者以及笔者所在的学术团队有关系的政府部门代为发放，请企业现场填答，然后将填好的问卷一并返回。这种方式发放问卷25份，回收24份。

（2）通过网络搜索，收集相关企业管理者或人力资源经理的 E-mail 地址，加入人力资源经理群，通过电子邮件的方式发放并回收问卷。这种方式发放问卷200份，回收110份。

（3）请 MBA 班的学员现场填写问卷，这些学员基本都来自于京津冀地区，而且很多学员都是企业中的高层管理者或人力资源经理。这种方式发放问卷200份，回收108份。

（4）通过笔者及熟识的人的社会关系，通过纸质问卷或电子邮件的方式向有效对象发放问卷。这种方式发放问卷84份，回收69份。

本研究的问卷调研工作主要在2010年9月至2010年12月完成，笔者对回收的问卷进行了筛选，将填答不完整、有明显填答错误的无效问卷予以剔除。具体问卷发放和回收信息如表6.7所示。

表 6.7　问卷发放及回收情况

发放方式	政府机构	网络发放	MBA 课堂	社会关系	总计
发放数量（份）	25	200	200	84	509
回收数量（份）	24	110	108	69	258
问卷回收率（%）	96	55	54	82.14	50.69
有效问卷（份）	23	101	53	67	244
有效回收率（%）	95.83	91.82	49.07	97.10	94.19

二、样本描述性统计分析

在样本调研数据所获得的有效样本中，问卷填写者的人口统计学特征如

表 6.8 所示。从填答对象的职务来看，有 26 人是总经理或董事长，有 47 人是副总经理，有 171 人是人力资源经理职务。从填答者的受教育程度来看，大专毕业的有 37 人，本科毕业的有 189 人，硕士毕业的有 18 人。总体来看，问卷填答者的职位较高，受教育程度较高，保证了问卷填答的质量。

表 6.8　问卷填写者个人信息

项目	类别	数量（家）	比率（%）	累计比率（%）
职位	总经理或董事长	26	10.66	10.66
	副总经理	47	19.26	29.92
	HR 经理	171	70.08	100
	合计	244	100	
受教育程度	大专毕业	37	15.16	15.16
	本科毕业	189	77.46	92.62
	硕士毕业	18	7.38	100
	合计	244	100	

样本企业所有制类型分布如表 6.9 所示，国有企业有 53 家，占样本总量的 21.72%；外资企业 41 家，占样本总量的 16.80%；民营企业 122 家，占样本总量的 50%；其他所有制性质的企业 28 家，占样本总量的 11.48%。

表 6.9　样本企业所有制类型分布

类别	数量（家）	比率（%）	累计比率（%）
国有企业	53	21.72	21.72
外资企业	41	16.80	38.52
民营企业	122	50	88.52
其他	28	11.48	100
合计	244	100	

样本企业行业类型分布如表 6.10 所示。主要包括 21 个行业，其中，金融保险类 20 家，占总样本的 8.20%；食品饮料类 10 家，占总样本的 4.10%；日用化工类 5 家，占总样本的 2.05%；电力行业类 7 家，占总样本的 2.87%；石油化工类 7 家，占总样本的 2.87%；医药卫生类 9 家，占总样本的 3.69%；

航空业 2 家，占总样本的 0.82%；钢铁工业类 9 家，占总样本的 3.69%；汽车及配件类 11 家，占总样本的 4.51%；房地产投资类 21 家，占总样本的 8.61%；家电业类 2 家，占总样本的 0.82%；商贸旅游类 2 家，占总样本的 0.82%；电子通信类 27 家，占总样本的 11.07%；电信运营类 3 家，占总样本的 1.23%；餐饮服务类 23 家，占总样本的 9.43%；纺织工业类 4 家，占总样本的 1.64%；建材建筑类 12 家，占总样本的 4.92%；烟草行业类 3 家，占总样本的 1.23%；交通运输类 5 家，占总样本的 2.05%；生产制造类 7 家，占总样本的 2.87%；其他行业 55 家，占总样本的 22.51%。

表 6.10　样本行业类型分布

类别	数量（家）	比率（%）	累计比率（%）
金融保险	20	8.20	8.20
食品饮料	10	4.10	12.30
日用化工	5	2.05	14.35
电力行业	7	2.87	17.22
石油化工	7	2.87	20.09
医药卫生	9	3.69	23.78
航空业	2	0.82	24.6
钢铁工业	9	3.69	28.29
汽车及配件	11	4.51	32.8
房地产投资	21	8.61	41.41
家电业	2	0.82	42.23
商贸旅游	2	0.82	43.05
电子通信	27	11.07	54.12
电信运营	3	1.23	55.35
餐饮服务	23	9.43	64.78
纺织工业	4	1.64	66.42
建材建筑	12	4.92	71.34
烟草行业	3	1.23	72.57
交通运输	5	2.05	74.62
生产制造	7	2.87	77.49
其他	55	22.51	100
合计	244	100	

企业人员的规模分布如表 6.11 所示，其中规模 100 人以下的 78 家，占总样本比例为 31.97%；100~500 人的 61 家，占总样本比例为 25%；500~1000人的 26 家，占总样本比例为 10.66%；1000~2000 人的 28 家，占总样本比例为 11.47%；2000 人以上的 51 家，占总样本比例为 20.90%。

表 6.11　样本企业人员规模分布

类别	数量（家）	比率（%）	累计比率（%）
100 人以下	78	31.97	31.97
100~500 人	61	25	56.97
500~1000 人	26	10.66	67.63
1000~2000 人	28	11.47	79.10
2000 人以上	51	20.90	100
合计	244	100	

样本企业成立时间分布如表 6.12 所示，成立 3~5 年的企业有 64 家，占样本总量的 26.23%；成立 6~10 年的企业有 62 家，占样本总量的 25.41%；成立 11~15 年的企业有 41 家，占样本总量的 16.80%；成立 16~20 家的企业有 23 家，占样本总量的 9.43%；成立 21~25 家的企业有 11 家，占样本总量的 4.51%；成立 25 年以上的企业有 43 家，占样本总量的 17.62%。

表 6.12　样本企业成立时间分布

类别	数量（家）	比率（%）	累计比率（%）
3~5 年	64	26.23	26.23
6~10 年	62	25.41	51.64
11~15 年	41	16.80	68.44
16~20 年	23	9.43	77.87
21~25 年	11	4.51	82.38
25 年以上	43	17.62	100
合计	244	100	

第四节 分析方法

1. 描述性统计分析

描述性统计（Descriptive Statistics）是用数学语言表述一组样本的特征或者样本变量间关联的特征，用来概括和解释样本数据（李怀祖，2004）。描述性统计分析是相关分析、回归分析的前提基础，有助于描述样本的特征、类别及分布情况。本研究的描述性统计内容包括填答者的职位、受教育程度，企业的所有制、行业、员工总数和成立时间。

2. 信度与效度检验

信度（Reliability）是指测验或量表工具所测得结果的稳定性及一致性，量表的信度越大，则其测量标准误越小。在因素分析完后，为进一步了解问卷的可靠性与有效性，要做信度检验（吴明隆，2010）。本研究主要针对内在信度进行检验，最常用的方法是 Cronbach's α 系数，其判断标准如表 6.13 所示。

表 6.13 信度评价指标

内部一致性信度系数值	层面或构念	整个量表
α 系数 < 0.50	不理想，舍弃不用	非常不理想，舍弃不用
0.50 ≤ α 系数 < 0.60	可以接受，增列题项或修改语句	不理想，重新编制或修订
0.60 ≤ α 系数 < 0.70	尚佳	勉强接受，最好增列题项或修改语句
0.70 ≤ α 系数 < 0.80	佳（信度高）	可以接受
0.80 ≤ α 系数 < 0.90	理想（甚佳，信度很高）	佳（信度高）
α 系数 ≥ 0.90	非常理想（信度非常好）	非常理想（甚佳，信度很高）

资料来源：吴明隆（2008）。

效度（Validity）指的是实证测量在多大程度上反映概念的真实含义（艾尔·巴比，2010）。对于效度检验，研究者一般从内容效度和建构效度两方面来评判。内容效度指量表建构过程中的理论适切性，本研究的量表开发有大量的文献作为支撑，而且请相关企业人士、专家进行了探讨，保证了量表较高的内容效度。建构效度指量表测度出理论的概念与特征的程度，一般用因子分析进行检测。

3. 探索性因子分析

因子分析有两种：一种为探索性因子分析（Exploratory Factor Analysis，EFA），另一种为验证性因子分析（Confirmatory Factor Analysis，CFA）。一般在预试问卷中所要建构的效度大都为探索性因子分析，随机抽取部分问卷进行统计分析，以建构因子层面，且用最少的层面解释全部最大的总变异量（吴明隆，2010）。

做探索性因子分析之前，首先用 KMO（Kaiser-Meyer-Olkin）值和巴特莱特球形检验（Bartlett Test of Sphericity）来检验数据是否适合做因子分析。KMO 指标值介于 0 和 1，越接近于 1 越适合做因子分析。依据 Kaiser（1974）的观点，当 KMO 值小于 0.5 时，表示题项变量间非常不适合进行因子分析；若是 KMO 值介于 0.5 和 0.6，表示题项变量间的关系欠佳，不适合做因子分析；当 KMO 值介于 0.6 和 0.7 时，表示题项变量间的关系是普通的，勉强可以进行因子分析；当 KMO 值介于 0.7 和 0.8 时，表示题项变量间的关系是适中的，尚可进行因子分析；当 KMO 值介于 0.8 和 0.9 时，表示题项变量间的关系是良好的，适合进行因子分析；当 KMO 值大于 0.9 时，表示题项变量间的关系是极佳的，非常适合进行因子分析。另外，当 Bartlett's 球形检验结果达到 0.05 显著水平时，则应拒绝虚无假设，适合做因子分析。

本书采用主成分分析法提取因子，转轴方法为最大方差旋转法，按特征值大于 1 的方式萃取因子。进行因子分析时，由于以少数的因子构念来解释所有观察变量的总变异量，加上行为及社会科学领域的测量不如自然科学领域精确，因而萃取后保留的因子联合解释变异量若能达到 60% 以上，表示萃取和保留的因子相当理想，如果萃取后的因子能联合解释所有变量 50% 以上的变异量，则萃取后的因子也可以接受（吴明隆，2010）。

进行探索性因子分析时，本研究参考以下标准对项目进行删除：①因素负荷小于 0.4（$a < 0.4$）；②共同度小于 0.3（$h^2 < 0.3$）；③项目存在交叉负荷及在多个维度上有高负荷（$a > 0.4$）；④项目与问卷的相关度太低（$r < 0.3$）

（易遵尧等，2007；姜永志和张海钟，2010）。

4. 验证性因子分析

在进行问卷或量表分析时，完成探索性因子分析之后，此时量表的各因素与其题项均已固定，为了探究量表的因素结构模型是否与实际收集的数据契合，指标变量是否可以有效作为因素概念（潜在变量）的测量变量，此种因素分析的程序，称为验证性因子分析（吴明隆，2009）。

对于结构方程模型法，评估的关键在于模型的拟合性（适配度），用适配度指标检视模型是否与数据拟合。依据侯杰泰等（2004）、黄芳铭（2005）、吴明隆（2009）的观点，本书主要从卡方（χ^2）、卡方对自由度（df）比值（χ^2/df）、估计误差均方根（RMSEA）、非基准拟合指数（NNFI）、比较拟合指数（CFI）、拟合优度指数（GFI）、增值拟合指数（IFI）几个指标值方面评价模型的适配度，各指标值的评价标准如表 6.14 所示。

表 6.14　拟合指标评价指标及其评价标准

指标	数值范围	数值	拟合程度
χ^2	不显著	P > 0.05	好
χ^2/df	> 0	$\chi^2/df < 2$	较好
		$2 < \chi^2/df < 5$	可以接受
RMSEA	> 0	RMSEA < 0.05	好
		$0.05 \leqslant$ RMSEA < 0.08	合理
		$0.08 \leqslant$ RMSEA < 0.10	一般
		RMSEA $\geqslant$ 0.10	较差
NNFI	0~1	NNFI $\geqslant$ 0.90	好
CFI	0~1	$0.8 \leqslant$ CFI < 0.90	较好
		CFI $\geqslant$ 0.90	好
IFI	0~1	IFI $\geqslant$ 0.90	好
GFI	0~1	GFI $\geqslant$ 0.90	好

注：若 $\chi^2/df < 5$，则对 χ^2 不显著的要求可忽略不计。

模型中所估计的参数是否达到显著水平，可以查看 t 值，若 t 值大于 1.96，表示达到 0.05 的显著水平，此时表示模型的内在质量良好；相反地，若模型中所估计的参数有部分未达显著，则显示模型的内在质量不佳。

5. 相关分析

相关分析是研究变量之间是否存在某种依存关系，以及依存关系的方向及相关程度的统计方法。为避免回归分析时多元共线性问题，使用者在进行回归分析之前应进行自变量间的相关分析（吴明隆，2010）。本书采用 Pearson 相关系数检验变量间的相关性。

6. 回归分析

回归分析是通过实验和观测来寻找变量之间关系的一种统计分析方法，主要目的在于了解自变量（Independent Variable）与因变量（Dependent Variable）之间的数量关系（杜强、贾丽艳，2009）。按照涉及自变量的多少，可分为一元回归分析和多元回归分析；按照自变量和因变量之间的关系类型，可分为线性回归分析和非线性回归分析。汇报结果一般包括每个模型的多元相关系数的平方（R^2）、变异量显著性检验（F）、标准化回归系数。R^2 表示自变量对因变量的解释力度；F 值表示回归模型整体变异量是否达到显著水平；标准化回归系数表示自变量对因变量的影响大小。

7. 聚类分析

聚类是将数据分类到不同的类别或者簇这样的一个过程，所以同一个簇中的对象有很大的相似性，而不同簇间的对象有很大的相异性，可以采用 K—均值、K—中心点等算法的聚类分析方法。本研究采用 K—均值聚类方法，该方法可以快速地将观测记录分到各类中去，适用于对大样本的聚类分析。

8. 平均数差异性检验

在问卷调查分析中，常用的平均数差异性检验为独立样本 T 检验及单因子方差分析（One-way Analysis of Variance）。T 检验统计法适用于两个平均数的差异检验；而单因子方差分析则适用于三个以上群体间平均数的差异性检验（吴明隆，2010）。本书中的差异性检验都只用两个群体，因此采用了独立样本 T 检验。

第五节　本章小结

　　本章对研究"人力资源管理系统模式选择问题"所采用的研究方法从问卷设计、变量测量、数据收集、分析方法四个方面进行了详细的阐述。在问卷设计中，遵循严谨的设计步骤，尽可能地降低干扰因素的影响。在变量测量中，参阅了相关研究成果，以国内外成熟的问卷测量指标为主，同时结合专家、企业家的意见对问卷题项进行了修正，得到了符合中国情境的人力资源管理系统、重视员工、组织目标、环境不确定性、企业绩效以及企业特征的测量题项。在数据收集的过程中，通过多种渠道对问卷进行发放和回收，并对整个过程进行跟踪和管理，确保回收问卷的数量、可靠性和有效性。在分析方法说明中，简要介绍了本书实证研究中采用的数量统计方法和工具，对统计方法的评价指标也做了说明。在第七章中，本书将基于已获取的数据，运用上述研究方法，对"人力资源管理系统模式选择的理论分析"中提出的研究假设进行实证分析。

第七章 企业人力资源管理模式选择的实证分析

第一节 信度和效度分析

在问卷的信度、效度分析之前，应首先进行项目分析。项目分析的主要目的在于检验编制的量表或测验个别题项的适切或可靠程度，一个好的评量试题必须具有高的鉴别度（即高分组在测量试题答对的百分比必须显著高于低分组在测量试题答对的百分比）。项目分析结果可作为个别题项筛选或修改的依据。项目分析的判别标准指标中，最常用的是临界比值法（Critical Ration），此法又被称为极端值法，主要目的在于求出个别题项的决断值（CR值），具体步骤是根据测验总分区分出高分组受试者与低分组受试者后，得分前27%为高分组，得分后27%为低分组，然后求出高、低两组在每个题项的平均数差异的显著性，如果CR值未达显著水平予以删除（吴明隆，2010）。

项目分析结果如表7.1所示，每个题项的CR值均达到显著水平，具有鉴别度，予以保留。

表 7.1 量表项目分析结果

题项	决断值	题项	决断值	题项	决断值
B1	7.44**	C5	6.79**	D6	7.19**
B2	7.60**	C6	10.96**	D7	9.56**
B3	9.25**	C7	7.17**	D8	6.95**

续表

题项	决断值	题项	决断值	题项	决断值
B4	9.47**	C8	5.93**	E1	8.68**
B5	6.68**	C9	5.45**	E2	10.50**
B6	7.74**	D1	4.38**	E3	8.67**
C1	7.85**	D2	6.72**	E4	9.76**
C2	4.73**	D3	6.52**	E5	10.78**
C3	6.76**	D4	8.34**	E6	8.09**
C4	7.62**	D5	5.99**		

注：** 表示在 $p < 0.01$ 的水平上显著。

如前所述，为检验各量表的效度，先进行探索性因子分析，在此基础上进行验证性因子分析。对于同一批次回收的调查问卷数据，较为合理的做法是先用随机抽取的部分数据做探索性因子分析，然后再用剩余的问卷数据做验证性因子分析。进行因子分析时，样本应该取多少才使结果最为可靠，学者们并未达成一致意见，一般认为样本数是量表题项数的 5~10 倍，则结果更有稳定性。本书中因子分析需要处理的变量有 4 个，变量最多的题项数为 9，45~90 份样本即可满足要求。本书从 244 份有效回收问卷中随机抽取 77 份问卷做探索性因子分析，剩下的 167 份做验证性因子分析。

一、人力资源管理系统的信度和效度分析

测量人力资源管理系统最普遍且易操作的方法是计算各项人力资源管理实践的总分或平均值，人力资源管理系统各维度的得分可由该维度下各项人力资源管理实践的平均分测量。依照 Youndt 等（1996）、苏中兴（2010）的测量方法，本研究采用理论分析而不是因子分析来计算各维度的平均值作为维度得分。Delery 和 Shaw（2001）指出如果测量变量有理论支持，那么测量方法实际上意义并不大。

本书使用的人力资源管理系统问卷主要来源于国外学者，并得到了较好的应用。而且在大规模发放问卷前，访谈个别人力资源经理、总经理对测量条款进行优化，请相关专家进行审查，因此保证了测量的内容效度。但考虑

跨文化因素的影响，本书仍以验证性因子分析检验本研究各量表的建构效度。

本书用Lisrel8.7进行验证性因子分析，结果如图7.1和表7.2所示。

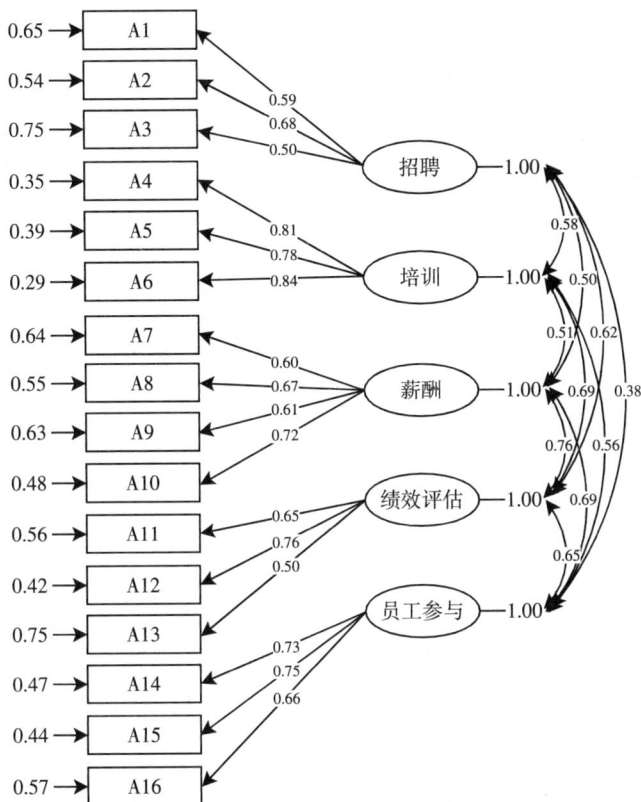

图7.1　人力资源管理系统验证性因子分析结果

表7.2　人力资源管理系统的测量模型拟合结果

路径	参数估计值（未标准化）	S.E.	T值	P值
A1←招聘	0.59	0.07	8.18	**
A2←招聘	0.68	0.07	9.27	**
A3←招聘	0.50	0.07	6.81	**
A4←培训	0.81	0.06	14.38	**
A5←培训	0.78	0.06	13.69	**
A6←培训	0.84	0.06	15.22	**
A7←薪酬	0.60	0.06	9.36	**

续表

路径	参数估计值（未标准化）	S.E.	T 值	P 值
A8←薪酬	0.67	0.06	10.69	**
A9←薪酬	0.61	0.06	9.45	**
A10←薪酬	0.72	0.06	11.67	**
A11←绩效评估	0.65	0.06	10.16	**
A12←绩效评估	0.76	0.06	12.14	**
A13←绩效评估	0.50	0.07	7.43	**
A14←员工参与	0.73	0.06	11.74	**
A15←员工参与	0.75	0.06	12.03	**
A16←员工参与	0.66	0.06	10.36	**
χ^2	178.88	NNFI		0.96
df	94	CFI		0.97
χ^2/df	1.90	IFI		0.97
RMSEA	0.061	GFI		0.92

注：* 表示在 $p < 0.5$ 的水平上显著，** 表示在 $p < 0.01$ 的水平上显著。

五个因子分别为招聘、培训、薪酬、绩效评估和员工参与，各条目在相应因子上的载荷都大于 0.5，t 值均大于 6，各项拟合系数均可接受，说明该模型拟合效果较好。

采用 Cronbach's α 系数对人力资源管理系统量表进行效度检验。结果如表 7.3 所示，题项—总计相关性（CITC）为该项与其他各项总分的极差相关系数，数值越高表示该题项与其他各项的内部一致性越高。该量表中的 CTTC 值均大于 0.35，说明量表的内在一致性高。招聘、培训、薪酬、绩效评估、员工参与的 Cronbach's α 系数分别为 0.61、0.85、0.74、0.66、0.75，均大于 0.6，删除该题项后 Cronbach's α 系数均有所降低，说明了各变量指标通过了信度检验，具有很好的一致性。

表 7.3　人力资源管理系统的信度检验

因素	题项	题项—总计相关性（CITC）	题项已删除的Cronbach's α 值	Cronbach's α 系数
招聘	A1	0.46	0.44	0.61
	A2	0.44	0.47	
	A3	0.35	0.60	
培训	A4	0.72	0.80	0.85
	A5	0.70	0.82	
	A6	0.75	0.76	
薪酬	A7	0.48	0.71	0.74
	A8	0.54	0.68	
	A9	0.51	0.70	
	A10	0.62	0.63	
绩效评估	A11	0.48	0.57	0.66
	A12	0.56	0.44	
	A13	0.39	0.66	
员工参与	A14	0.59	0.66	0.75
	A15	0.61	0.64	
	A16	0.55	0.71	

二、重视员工的信度和效度分析

对重视员工变量进行探索性因子分析之前，首先对样本数据进行 KMO 样本充分性和 Bartlett 球形检验，结果如表 7.4 所示。KMO 值为 0.81，Bartlett 球形检验在 0.01 水平上显著，拒绝了净相关矩阵不是单元矩阵的假设，代表总体的相关矩阵间有共同因素存在，适合进行因子分析。

表 7.4　重视员工探索性因子分析样本的 KMO 和 Bartlett 球形检验

KMO 取样适当性测量值		0.81
Bartlett 球形检验	近似卡方	209.06
	自由度	15
	显著性水平	0.00

随后对重视员工进行探索性因子分析，采用主成分分析法提取因子，按特征值大于1，最大因子载荷大于0.5的选择标准提取因子，参照因子删除标准进行项目筛选，结果如表7.5所示，共提取了两个因子。重视HRM、重视员工发展两个变量的题项均根据预期分别归入了某一因子，两个因子的累计解释总方差为75.64%，且各因子所包含题项的因子载荷都在0.7以上，通过了探索性因子的效度检验。

表 7.5　重视员工探索性因子分析结果

测量条目	因子载荷	
	重视 HRM	重视员工发展
B2	0.86	0.26
B3	0.84	0.22
B1	0.80	0.22
B5	0.14	0.88
B4	0.24	0.84
B6	0.40	0.76
解释方差比例（%）	38.75	36.89
累计解释方差总比例（%）	75.64	

进一步地，重视员工的验证性因子分析模型和拟合结果如图7.2和表7.6所示。从测量模型拟合结果来看，χ^2/df 为2.91，RMSEA小于0.1，NNFI、

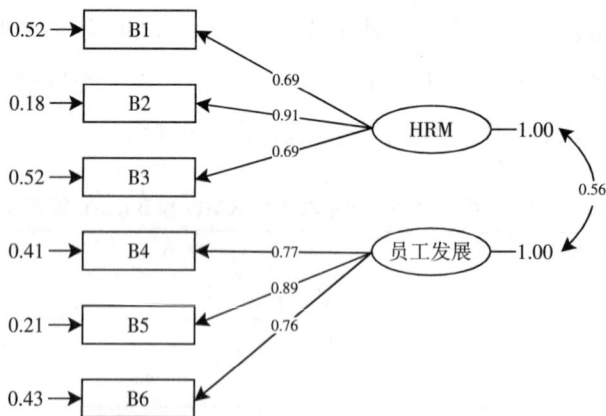

图 7.2　重视员工的验证性因子分析模型

表 7.6　重视员工的测量模型拟合结果

路径	参数估计值 （未标准化）	S.E.	T 值	P 值
B1←重视 HRM	0.69	0.07	9.41	**
B2←重视 HRM	0.91	0.07	13.09	**
B3←重视 HRM	0.69	0.07	9.41	**
B4←重视员工发展	0.77	0.07	10.93	**
B5←重视员工发展	0.89	0.07	13.39	**
B6←重视员工发展	0.76	0.07	10.76	**
χ^2	23.28	NNFI		0.95
df	8	CFI		0.97
χ^2/df	2.91	IFI		0.97
RMSEA	0.097	GFI		0.96

注：* 表示在 $p<0.5$ 的水平上显著，** 表示在 $p<0.01$ 的水平上显著。

CFI、IFI、GFI 均在 0.9 以上，因此从拟合指数来看，测量模型能够很好地拟合。此外，各测量项目的因子负荷均在 0.69~0.91，表明结构效度良好。这表明本书对重视人力资源管理、重视员工发展两个表述重视员工变量的划分和测度是有效的。

接下来，为检验重视员工各题项间的内部一致性，对该变量各因子进行信度分析，结果如表 7.7 所示。各题项间的 CITC 数值均大于 0.35，而且重视 HRM、重视员工发展两个因子每个题型的 Cronbach's α 系数均在 0.6 以上，且删除每个题型后 Cronbach's α 系数有所降低，说明整份量表信度很好。

表 7.7　重视员工的信度检验

因素	题项	题项—总计相关性 （CITC）	项已删除的 Cronbach's α 值	Cronbach's α 系数
重视 HRM	B1	0.62	0.79	0.81
	B2	0.75	0.65	
	B3	0.62	0.78	
重视员工发展	B4	0.68	0.80	0.84
	B5	0.76	0.72	
	B6	0.68	0.80	

三、组织目标的信度和效度分析

组织目标探索性因子分析的 KMO 样本充分性和 Bartlett 球形检验的检验结果如表 7.8 所示。KMO 值为 0.85，Bartlett 球形检验值显著水平为 0，极其显著，说明适合做因子分析。

表 7.8　组织目标探索性因子分析样本的 KMO 和 Bartlett 球形检验

KMO 取样适当性检验		0.85
Bartlett 球形检验	近似卡方	330.01
	自由度	36
	显著性水平	0.00

对组织目标进行探索性因子分析时，采用主成分分析法提取因子，并以特征值大于 1 为因子提取标准，同时选用方差最大法进行因子旋转，结果如表 7.9 所示。从表中可以看出，各题项按预期归为经济目标和人本目标两个因子，累计解释总方差为 65.44%，且所有测量项目在其所属因子上的载荷都在 0.6 以上，不存在某一测量项目在两个因子上的负荷值大于 0.4 的交叉负荷情况，通过了探索性因子的效度检验。

表 7.9　组织目标探索性因子分析结果

测量条目	因子载荷	
	1	2
C4	0.84	0.21
C3	0.80	0.24
C5	0.74	0.27
C2	0.67	0.18
C1	0.67	0.25
C9	0.18	0.83
C8	0.18	0.83
C6	0.32	0.76
C7	0.35	0.75
解释方差比例（%）	34.33	31.11
累计解释方差总比例（%）	65.44	

组织目标的验证性因子分析模型和拟合结果如图 7.3 和表 7.10 所示。

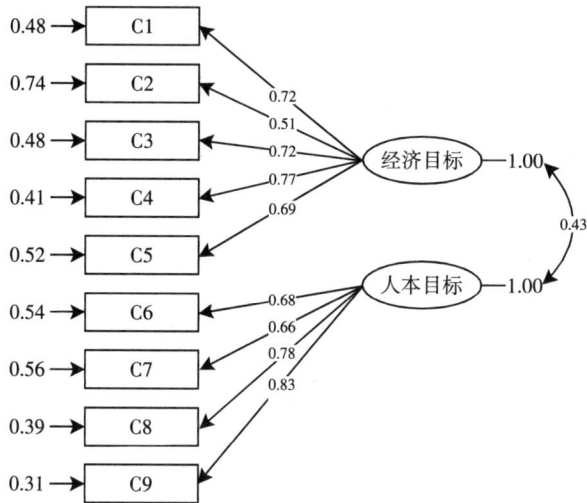

图 7.3　组织目标的验证性因子分析模型

表 7.10　组织目标的测量模型拟合结果

路径	参数估计值（未标准化）	S.E.	T 值	P 值
C1←经济目标	0.72	0.07	9.91	**
C2←经济目标	0.51	0.08	6.43	**
C3←经济目标	0.72	0.07	9.84	**
C4←经济目标	0.77	0.07	10.68	**
C5←经济目标	0.69	0.07	9.36	**
C6←人本目标	0.68	0.07	9.27	**
C7←人本目标	0.66	0.07	8.95	**
C8←人本目标	0.78	0.07	11.02	**
C9←人本目标	0.83	0.07	12.05	**
χ^2	85.65	NNFI		0.9
df	26	CFI		0.93
χ^2/df	3.29	IFI		0.93
RMSEA	0.12	GFI		0.90

注：* 表示在 p < 0.5 的水平上显著，** 表示在 p < 0.01 的水平上显著。

从测量模型的拟合结果来看，χ^2 值为 85.65（df = 26），χ^2/df 的比值为 3.29，小于 5，RMSEA 的值刚过 0.1，NNFI、CFI、IFI、GFI 均在 0.9；各路径系数均在 p < 0.01 的水平上具有统计显著性。可见，该模型拟合效果较好，即本研究对经济目标、人本目标两个表述组织目标变量的划分和测度是有效的。

进一步对组织目标进行信度检验，结果如表 7.11 所示。所有题项的 CITC 值均大于 0.35，同时变量的 Cronbach's α 系数均超过 0.7，其删除每个题型后的 Cronbach's α 系数有所降低。因此，组织目标的题项之间具有较好的信度。

表 7.11 组织目标的信度检验

因素	题项	题项—总计相关性（CITC）	项已删除的 Cronbach's α 值	Cronbach's α 系数
经济目标	C1	0.63	0.78	0.82
	C2	0.49	0.82	
	C3	0.66	0.77	
	C4	0.68	0.76	
	C5	0.60	0.79	
人本目标	C6	0.65	0.80	0.84
	C7	0.65	0.80	
	C8	0.67	0.79	
	C9	0.70	0.78	

四、环境不确定性的信度和效度分析

环境不确定性的 KMO 样本充分性和 Bartlett 球形检验的结果如表 7.12 所示。符合 KMO 值大于 0.7，Bartlett 球形检验统计显著异于 0 的要求，因而适合进一步做探索性因子分析。

表 7.12 环境不确定性探索性因子分析样本的 KMO 和 Bartlett 球形检验

KMO 取样适当性检验		0.76
Bartlett 球形检验	近似卡方	254.79
	自由度	28
	显著性水平	0.00

　　进而按照特征根大于 1，最大方差和正交旋转进行因子提取后，环境不确定性共有两个共同因子（见表 7.13）。累计解释总方差为 66.05%，超过了50% 的最低要求，题项的因子归类也与理论预设相同，且各因子所属题项的因子载荷都在 0.5 以上，说明本研究的环境不确定性量表具备较高的效度。

表 7.13　环境不确定性探索性因子分析结果

测量条目	因子载荷	
	1	2
D3	0.88	0.11
D2	0.86	0.06
D1	0.85	0.007
D4	0.68	0.41
D7	0.098	0.87
D6	0.047	0.84
D5	0.073	0.82
D8	0.13	0.51
解释方差比例（%）	34.06	31.99
累计解释方差总比例（%）	66.05	

　　环境不确定性的验证性因子分析模型和拟合结果如图 7.4 和表 7.14 所示。对环境不确定性测量模型的拟合结果表明，χ^2 值为 34.08（df=19），χ^2/df 的值为 1.79，小于 2；RMSEA 的值为 0.066，小于 0.1；NNFI、CFI、IFI、GFI 的值都接近于 1；各路径系数均在 $p < 0.01$ 的水平上具有统计显著性。该模型拟合效果较好，说明本研究对环境复杂性和环境动态性两个表述环境不确定性变量的划分与测度是有效的。

　　接下来，本研究对通过因子分析的环境不确定性的各题项进行效度检验，结果如表 7.15 所示。环境不确定性各因素的 Cronbach's α 系数大于 0.7，每个题型删除后的 Cronbach's α 系数都有所降低，且所有题项的 CITC 值最小为0.55，均大于 0.35。因此，环境不确定性量表的效度水平很高。

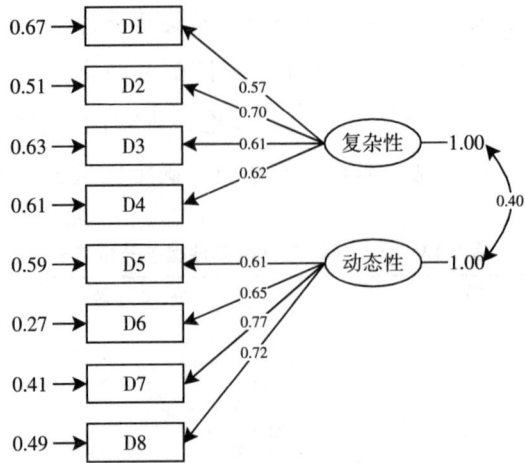

图 7.4　环境不确定性的验证性因子分析模型

表 7.14　环境动态性的测量模型拟合结果

路径	参数估计值（未标准化）	S.E.	T 值	P 值
D1←环境复杂性	0.57	0.08	6.79	**
D2←环境复杂性	0.70	0.08	8.46	**
D3←环境复杂性	0.61	0.08	7.32	**
D4←环境复杂性	0.62	0.08	7.48	**
D5←环境动态性	0.64	0.07	8.61	**
D6←环境动态性	0.85	0.07	12.55	**
D7←环境动态性	0.77	0.07	10.85	**
D8←环境动态性	0.72	0.07	9.95	**
χ^2	34.08	NNFI		0.96
df	19	CFI		0.97
χ^2/df	1.79	IFI		0.97
RMSEA	0.066	GFI		0.95

注：* 表示在 p < 0.5 的水平上显著，** 表示在 p < 0.01 的水平上显著。

表 7.15 环境不确定性信度检验

因素	题项	题项—总计相关性 （CITC）	项已删除的 Cronbach's α 值	Cronbach's α 系数
环境复杂性	D1	0.56	0.73	0.78
	D2	0.60	0.71	
	D3	0.61	0.71	
	D4	0.55	0.74	
环境动态性	D5	0.58	0.79	0.81
	D6	0.72	0.72	
	D7	0.68	0.74	
	D8	0.56	0.80	

五、企业绩效的信度和效度分析

企业绩效的 KMO 样本充分性和 Bartlett 球形检验的结果如表 7.16 所示。KMO 值为 0.91，Bartlett 球形检验统计显著异于 0 的要求，因而适合进一步做探索性因子分析。

表 7.16 企业绩效探索性因子分析样本的 KMO 和 Bartlett 球形检验

KMO 取样适当性测量		0.91
Bartlett 球形检验	近似卡方	325.22
	自由度	15
	显著性水平	0.00

进而采用主成分分析法，按照特征值大于 1 进行因子抽取并按照方差最大法进行转轴。分析结果如表 7.17 所示，各题项按预期归为一个因子，总共解释了 72.21% 的变异，且所有题项的因子载荷均在 0.7 以上，通过了探索性因子的效度检验。

企业绩效的验证性因子分析模型和拟合结果如图 7.5 和表 7.18 所示。对企业绩效测量模型的拟合结果表明，χ^2 值为 16.80（df = 9），χ^2/df 的值为 1.87，小于 2；RMSEA 的值为 0.081，小于 0.1；NNFI、CFI、IFI、GFI 的值都接近于 1；各路径系数均在 $p < 0.01$ 的水平上具有统计显著性。该模型拟合效

果较好，说明本研究对企业绩效变量的划分与测度是有效的。

表 7.17 企业绩效探索性因子分析结果

累计项目	因子载荷
	1
E2	0.90
E3	0.89
E4	0.88
E5	0.86
E1	0.82
E6	0.74
累计解释方差总比例（%）	72.21

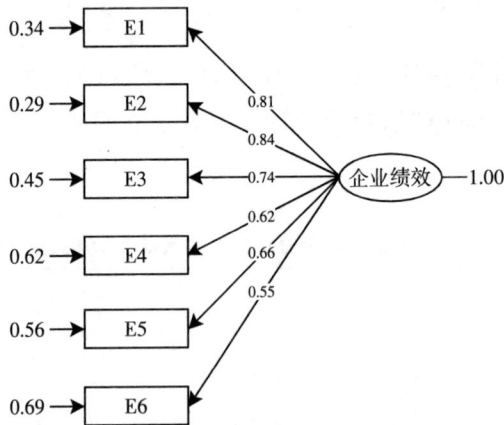

图 7.5 企业绩效的验证性因子分析模型

表 7.18 企业绩效的测量模型拟合结果

路径	参数估计值（未标准化）	S.E.	T 值	P 值
E1←企业绩效	0.81	0.07	12.07	**
E2←企业绩效	0.84	0.07	12.77	**
E3←企业绩效	0.74	0.07	10.58	**
E4←企业绩效	0.62	0.07	8.39	**
E5←企业绩效	0.66	0.07	9.13	**
E6←企业绩效	0.55	0.08	7.31	**

路径	参数估计值（未标准化）	S.E.	T 值	P 值
χ^2	16.80	NNFI		0.98
df	9	CFI		0.99
χ^2/df	1.87	IFI		0.99
RMSEA	0.081	GFI		0.96

注：* 表示在 $p < 0.5$ 的水平上显著，** 表示在 $p < 0.01$ 的水平上显著。

　　然后，对企业绩效进行信度检验，结果如表 7.19 所示。企业绩效量表的所有题项的 CITC 值均大于 0.35，所有变量的 Cronbach's α 系数大于 0.8，其删除每个题项后的 Cronbach's α 系数有所降低。因此，企业绩效量表具有很好的内部一致性信度。

表 7.19　企业绩效信度检验

因素	题项	题项—总计相关性（CITC）	项已删除的 Cronbach's α 值	Cronbach's α 系数
企业绩效	E1	0.73	0.86	0.88
	E2	0.78	0.85	
	E3	0.72	0.86	
	E4	0.67	0.87	
	E5	0.69	0.86	
	E6	0.58	0.88	

第二节　实证结果

　　本书将重视人力资源管理、重视员工发展、经济目标、人本目标、环境复杂性、环境动态性作为自变量，人力资源管理系统作为因变量，采用层级回归分析、曲线回归分析、聚类分析、独立样本 T 检验来验证 H1~H7。同时，将企业的年龄、规模、行业、所有制作为控制变量。这是基于以下几点考虑：

（1）企业的年龄对人力资源管理构型有影响。成立时间的长短对企业的人力资源管理规范性有影响。

（2）企业规模对人力资源管理构型有影响。一般来说，大企业更多采用承诺型人力资源管理系统，小企业则更多采用控制型人力资源管理系统。这是因为与小企业相比，大企业的资源相对丰富，对人力资源的投资更大，采用承诺型人力资源管理系统的可能性也就越大。

（3）行业间的差异性也会对人力资源管理系统构型产生影响。

（4）企业所有制对人力资源管理构型有影响。多数国有企业采用控制型人力资源管理系统，多数合资、独资企业采用承诺型人力资源管理系统，民营企业的选择则比较平均。这是因为国有企业受政府限制较多，人力资源管理的自主权较小；外资企业中的人力资源管理水平较高，并且管理的自由度也大；民营企业一直在学习国外的管理经验，管理水平不断提高，各项人力资源管理实践也愈加规范。

一、相关分析

各变量的均值、标准差和相关系数统计检验如表 7.20 所示。相关分析表明，重视 HRM、重视员工发展、经济目标、人本目标、环境复杂性、环境动态性之间存在显著正相关关系；这几个变量与人力资源管理系统之间均存在显著正相关关系，相关系数最高的是人本目标，为 0.65，相关系数最低的是环境动态性，为 0.18。这为本书的预期假设提供了初步证据，但这只表明选择动因与人力资源管理系统存在相关关系，是否存在因果关系还需进一步的证明。因此，接下来采用层级回归分析以及差异性检验更精确地验证各个影响因素与采用人力资源管理系统的关系，以验证前述提出的各关键要素对采用人力资源管理系统影响的理论假设。

二、多重共线性检验

在多元回归分析中要留意共线性（Collinarity）问题，所谓共线性指的是由于自变量间的相关太高，造成回归分析的情境困扰，自变量间如果有严重

表 7.20 描述性统计分析及各变量间相关关系

变量	均值	标准差	1	2	3	4	5	6	7	8	9	10	11	12	13	14
1. 年龄	12.05	8.95	1													
2. 规模 (log)	5.84	1.51	0.63**	1												
3. 制造业	0.47	0.50	0.021	0.047	1											
4. 服务业	0.30	0.46	0.009	0.042	-0.62**	1										
5. 国有	0.22	0.41	0.36**	0.26**	0.040	-0.023	1									
6. 外资	0.17	0.38	-0.035	0.11	0.059	0.013	-0.24**	1								
7. 民营	0.50	0.50	-0.33**	-0.35**	0.0080	0.018	-0.53**	-0.45**	1							
8. 重视 HRM	3.18	0.87	0.024	0.041	-0.11	0.064	-0.026	0.057	-0.049	1						
9. 重视员工发展	2.93	0.96	-0.11	-0.090	-0.073	0.0070	-0.16*	0.099	0.060	0.54**	1					
10. 经济目标	3.96	0.71	-0.078	0.040	-0.026	-0.055	-0.12	-0.017	0.12	0.33**	0.41**	1				
11. 人本目标	3.16	0.81	-0.085	-0.070	-0.048	-0.043	-0.074	0.073	-0.0010	0.57**	0.78**	0.43**	1			
12. 环境复杂性	3.45	0.86	0.083	0.042	-0.035	-0.096	0.010	0.0060	-0.067	0.24**	0.21**	0.25**	0.13*	1		
13. 环境动态性	3.28	0.94	-0.060	-0.096	0.059	-0.025	-0.18**	0.010	0.13*	0.14*	0.23**	0.26**	0.14*	0.30**	1	
14. SHRM	3.21	0.65	-0.041	0.16*	-0.058	0.052	-0.046	0.11	-0.048	0.56**	0.63**	0.49**	0.65**	0.30**	0.18**	1

注：* 表示在 $p < 0.5$ 的水平上显著（双尾检验），** 表示在 $p < 0.01$ 的水平上显著（双尾检验）。

163

的多元共线性（Multilinearilty）问题，即使采用统计回归（Statistical Regression）也可能发生被选入回归模型的预测变量的回归系数无法解释的矛盾现象（吴明隆，2010）。自变量间是否有多元共线性问题，可由下面三个主要数据加以判别：

（1）容忍度（Tolerance）。容忍度等于 $1-R_i^2$，其中 R_i^2 是此自变量与其他自变量间的多元相关系数的平方，即某一个自变量可以被其预测变量解释的变异量，$1-R_i^2$ 表示某一个自变量无法被其预测变量解释的残差变异。容忍度的值介于 0 和 1，如果一个自变量的容忍度值太小，表示此变量与其他自变量间有共线性问题。其值如接近 0，表示此变量几乎是其他变量的线性组合，这个变量回归系数的估计值不够稳定，而回归系数的计数值也会有很大误差，在复回归分析中，容忍度值愈接近 0 表示多元共线性问题愈严重。一般的判别标准是容忍度值小于 0.1，自变量间可能存有共线性问题。

（2）方差膨胀因素（Variance Inflation Factor，VIF）。

方差膨胀因素为容忍度的倒数，其公式为：

$$VIF = \frac{1}{容忍度} = \frac{1}{1-R_i^2}$$

由于 VIF 为容忍度值的倒数，因而当自变量的容忍度愈大（愈没有共线性问题），VIF 值会愈小，表示自变量间的共线性愈不明显，相对地，若是变量的 VIF 的值愈大，表示自变量的容忍度愈小，变量间愈有共线性的问题。一般而言，方差膨胀因素值大于 10 时，表示自变量间可能有线性重合的问题。

（3）条件指标（Condition Index，CI）。条件指标值愈大，愈有共线性问题。条件指标为最大特征值与个别特征值比例的平方根，条件指标值如果在 15 以上，则表示可能有多元共线性问题，条件指标值如果在 30 以上，则表示有严重的共线性问题（Tacq，1997）。如果条件指标值在 100 以上，表示此回归模型分析的共线性问题十分严重，此时，应找出自变量间彼此高相关的变量，将其中的某些变量不要纳入回归分析的自变量中，或采用主成分回归分析法。

由于几个解释变量间存在着相关性，因此将人力资源管理系统作为因变量，对重视人力资源管理、重视员工发展、经济目标、组织目标、环境复杂性、环境动态性这几个解释变量进行多重共线性检验。检验结果如表 7.21 和表 7.22 所示，各变量的容忍度在 0.35 和 0.86，方差膨胀系数值在均在 3 以下，条件指标均未大于 30，因此，自变量间的多元共线性问题不明显。变量间相关分析和多元共线性问题的检验结果表明，可以进行变量间的层次回归分析。

表 7.21 方差膨胀因子检验

	容忍度（Tolerance）	方差膨胀因子（VIF）
重视 HRM	0.63	1.58
重视员工发展	0.37	2.72
经济目标	0.75	1.34
人本目标	0.35	2.85
复杂性	0.85	1.18
动态性	0.86	1.16

表 7.22 条件指数检验

维度	特征值	条件指标（CI）
1	6.75	1.00
2	0.095	8.41
3	0.052	11.44
4	0.036	13.62
5	0.035	13.95
6	0.016	20.54
7	0.013	22.41

三、人力资源管理系统模式分类

为检验 H1a，本研究以招聘、培训、薪酬、绩效评估和员工参与为变量，采用聚类分析对样本数据进行分类。从表 7.23 来看，整个样本被分为两组，组别 1 包括 87 个样本，组别 2 包括 157 个样本。为了进一步检验人力资源管理系统聚类为两组是否合适，本书采用独立方差 T 检验分析不同组别人力资源管理系统中各项人力资源管理实践的差异性。

差异性检验结果如表 7.23 所示，发现各项人力资源管理实践都有显著性差异，显著性达到 $p < 0.01$ 水平，而且组别 1 的各项人力资源管理实践的均值均低于组别 2 的企业。根据控制型和承诺型人力资源管理系统构型的特点，组别 1 可称为控制型人力资源管理系统，组别 2 为承诺型人力资源管理系统。从各项人力资源管理活动的平均得分来看，控制型和承诺型人力资源管理系统除了在招聘上的得分差距较小外，其余各项得分的差值都很大。这表明，我国采用不同类别人力资源管理系统构型的企业在招聘上的差异并不大，而在培训、薪酬、绩效评估、员工参与等方面存在较大差距，H1a 得到了验证。

表 7.23　不同构型 HRMS 活动平均值、标准差、差异性分析

HRM 活动	组别 1（N=87）		组别 2（N=157）		t 值
	平均值	标准差	平均值	标准差	
招聘	3.08	0.75	3.96	0.64	−9.62**
培训	2.19	0.75	3.62	0.79	−13.77**
薪酬	2.19	0.58	3.29	0.69	−12.72**
绩效评估	2.66	0.69	3.75	0.57	−13.20**
员工参与	2.47	0.73	3.51	0.71	−10.86**

注：* 表示在 $p < 0.5$ 的水平上显著，** 表示在 $p < 0.01$ 的水平上显著。

本书进一步检验企业所有制与人力资源管理系统构型的关系，即 H1b 和 H1c。从表 7.24 中可以发现，国有企业中采用控制型人力资源管理系统构型和承诺型人力资源管理系统构型的企业分别为 49.06% 和 50.94%，在外资企业中相应的比例分别为 19.51% 和 80.49%，在民营企业中相应的比例分别为 36.89% 和 63.11%。这表明国有企业仍有很多采用控制型人力资源管理系统，

表 7.24　HRM 系统与企业所有制关系

企业所有制	控制型系统	承诺型系统	合计
国有	26（49.06%）	27（50.94%）	53
外资	8（19.51%）	33（80.49%）	41
民营	45（36.89%）	77（63.11%）	122
其他	8（28.57%）	20（71.43%）	28
合计	87	157	244

外资企业、民营企业更多地采用了承诺型人力资源管理系统，H1b 得到支持。

从表 7.25 中可以发现，企业规模对采用人力资源管理构型有影响。100 人以下规模的企业采用控制型人力资源管理系统构型和承诺型人力资源管理系统构型的企业比例分别为 46.15% 和 53.85%，在 100~500 人规模企业中相应的比例分别为 32.79% 和 67.21%，在 500~1000 人规模企业中相应的比例分别为 34.62% 和 65.38%，在 1000~2000 人规模企业中相应的比例分别为 32.14% 和 67.86%，在 2000 人以上规模企业中相应的比例分别为 25.49% 和 74.51%。这一结果呈现出规模小的企业更易于采用控制型人力资源管理系统，规模大的企业更易于采用承诺型人力资源管理系统的规律性特征，而且规模基本与控制型人力资源管理系统存在负相关、与承诺型人力资源管理系统存在正相关的关系，H1c 得到支持。

表 7.25　HRMS 与企业规模关系

企业规模	控制型系统	承诺型系统	合计
100 人以下	36（46.15%）	42（53.85%）	78
100~500 人	20（32.79%）	41（67.21%）	61
500~1000 人	9（34.62%）	17（65.38%）	26
1000~2000 人	9（32.14%）	19（67.86%）	28
2000 人以上	13（25.49%）	38（74.51%）	51
合计	87	157	244

四、人力资源管理系统与企业绩效

1. 人力资源管理系统与企业绩效直接关系

H2 检验人力资源管理系统与企业绩效的关系。本研究以企业绩效为因变量，以人力资源管理系统为自变量，年龄、规模、行业和所有制作为控制变量，共建立 2 个回归模型。回归分析结果如表 7.26 所示。

从表 7.26 可以看出，模型 1 中的企业规模、行业对采用人力资源管理系统有显著影响，而变量、所有制没有显著影响。与模型 1 相比，加入了人力资源管理系统的模型 2 对企业采用人力资源管理系统影响的解释力显著提高，使得 ΔR^2 从 0.13 上升到 0.15，F 值也具有统计显著性。人力资源管理系统的

表 7.26　人力资源管理系统对企业绩效影响的层级回归分析

变量	企业绩效	
	模型 1	模型 2
控制变量		
年龄	0	0.083
规模（log）	0.35**	0.23**
行业		
制造业	−0.20*	−0.17*
服务业	−0.091	−0.089
所有制		
国有	0.048	0.058
三资	0.10	0.072
民营	0.077	0.076
自变量		
SHRM		0.39**
F	5.18**	11.31**
R^2	0.13	0.28
ΔF 值	5.18**	47.10**
ΔR^2	0.13	0.15

注：* 表示在 $p < 0.5$ 的水平上显著，** 表示在 $p < 0.01$ 的水平上显著。

回归系数均为 0.39，且在 $p < 0.01$ 水平上显著，说明人力资源管理系统对企业绩效存在正向影响。

　　进一步检验不同人力资源管理系统构型中企业绩效的差异性，从表 7.27 中可以发现，采用控制型人力资源管理系统的企业绩效低于采用承诺型人力资源管理系统的企业，H2 得到了验证。

表 7.27　HRM 系统与企业绩效关系

	控制型系统（N=87）		承诺型系统（N=157）		t 值
	平均值	标准差	平均值	标准差	
企业绩效	3.01	0.72	3.62	0.65	−6.730**

注：** 表示显著性水平 $p < 0.01$。

2. 人力资源管理系统与企业绩效：企业特征的调节作用

验证调节作用时，当自变量和调节变量都是连续变量时，用带有乘积项的回归模型做层次回归分析：①做 Y 对 X 和 M 的回归，得测定系数 R_1^2。②做 Y 对 X、M 和 XM 的回归得 R_2^2，若 R_2^2 显著高于 R_1^2，则调节效应显著；或者，做 XM 的偏回归系数检验，若显著，则调节效应显著（温忠麟等，2005）。

用回归方法检验调节作用的具体步骤如下（罗胜强和姜嬿，2008）：

（1）对连续变量进行中心化或标准化。用回归的方法检验调节变量的一个重要步骤是把自变量和调节变量中的连续变量进行整理，对他们进行中心化或标准化，目的是减小回归方程中变量间多重共线性的问题。

（2）构造乘积项。构造乘积变量时，只需要把经过编码或中心化（或标准化）处理以后的自变量和调节变量相乘即可。

（3）构造方程。构造出乘积项后，把自变量、因变量（这里要使用未中心化的自变量和因变量）和乘积项都放到多元层级回归方程中就可以进行检验了。这时，我们最关注的是乘积项的系数是否显著。如果显著，就可以说明调节作用的存在了。

H3a 检验企业所有制在人力资源管理系统与企业绩效间的调节作用。自变量人力资源管理系统是连续变量，调节变量企业所有制是类别变量，因此采用分组回归分析验证调节效应（温忠麟等，2005）。对国有企业、外资企业和民营企业三组样本进行分组回归分析，分别检验每组样本中人力资源管理系统对企业绩效的影响。三组样本都是用层级回归的方法进行分析，第一步把控制变量加入到回归方程中，第二步把自变量人力资源管理系统加入到回归方程中，三组样本回归分析结果如表 7.28 所示。

在国有企业组，第一步加入控制变量后，回归模型解释了企业绩效 16% 的方差。第二步加入人力资源管理系统变量后，回归模型对企业绩效的方差解释能力增加了 14%。人力资源管理系统的标准化回归系数为 0.38，达到 0.01 的显著水平，表示其对企业绩效的影响为正。

在外资企业组，第一步加入控制变量后，回归模型解释了企业绩效 4% 的方差。加入人力资源管理系统变量后，模型对企业绩效方差的解释能力增加了 19%。其中，人力资源管理系统的标准化回归系数为 0.44，达 0.01 的显著

表 7.28 企业所有制的调节效应分析结果

变量 所有制	企业绩效					
	国有企业（N=53）		外资企业（N=41）		民营企业（N=122）	
	模型 1	模型 2	模型 3	模型 4	模型 5	模型 6
控制变量						
年龄	0.12	0.17	0.041	0.066	0.36**	0.32**
行业						
制造业	−0.40	−0.40*	0.010	0.050	−0.084	−0.087
服务业	−0.014	−0.11	0.045	0.071	−0.084	−0.12
自变量						
SHRM		0.38**		0.44**		0.45**
F	3.13*	5.05**	0.049	2.17	6.14**	14.85**
R^2	0.16	0.30	0.004	0.19	0.14	0.34
ΔF 值	3.13*	9.23**	0.049	8.49**	6.14**	35.57**
ΔR^2	0.16	0.14	0.004	0.19	0.14	0.20

注：* 表示在 $p < 0.5$ 的水平上显著，** 表示在 $p < 0.01$ 的水平上显著。

水平，表示其对企业绩效的影响为正。

在民营企业组，加入控制变量的回归模型解释了企业绩效 14%的方差。随后加入人力资源管理系统变量，模型对企业绩效的方差解释能力增加了 20%。人力资源管理系统的标准化回归系数为 0.45，显著性 p 值小于 0.01，达到显著性水平，表示其对企业绩效的影响为正，H3a 得到验证。

在上述三组样本中，人力资源管理系统对企业绩效的解释能力存在一定差别，外资企业（19%）、民营企业（20%）明显大于国有企业（14%）。而且，在三类企业中，人力资源管理系统对企业绩效的标准化回归系数也存在差异，外资企业组（0.44）和民营企业组（0.45）的标准化回归系数明显大于国有企业组（0.38）。

为了更清楚地表明这种差异性，将样本数据按照国有企业组、外资企业组、民营企业组进行分组，以二维坐标图模拟出人力资源管理系统与企业绩效关系的大致趋势。如图 7.6 所示，人力资源管理系统对提升企业绩效的作用在外资企业和民营企业中比在国有企业中大，上述结果验证了 H3b。

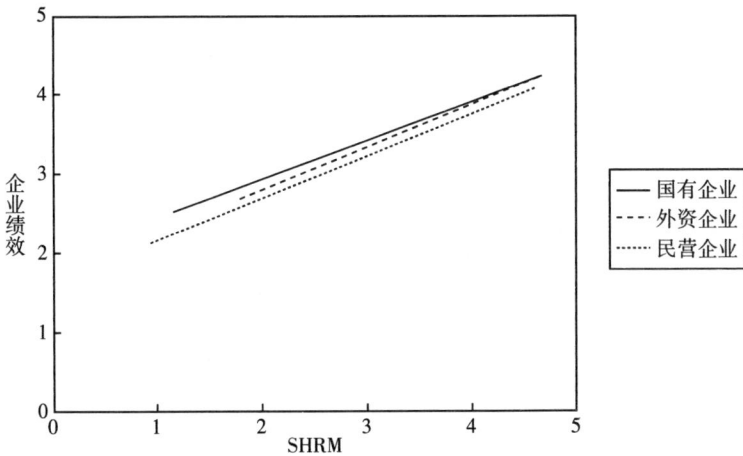

图 7.6　企业所有制对人力资源管理系统与企业绩效的调节作用

H4a 指出企业规模在人力资源管理系统和企业绩效之间发挥调节作用。检验结果如表 7.29 所示，第一步进入回归方程的为控制变量（模型 1）。回归模型解释了企业绩效 5.5% 的方差。第二步加入作为主效应的人力资源管理系统和作为调节变量的规模。回归模型增加了 22% 对企业绩效方差的解释能力。由各变量统计显著性可知，人力资源管理系统（b = 0.40）对企业绩效产生正向影响。第三步加入规模和人力资源管理系统的交互项（模型 3），回归模型增加了 1% 对企业绩效方差的解释能力。交互项的回归系数在统计上不显著，H4b 没有得到支持。

表 7.29　企业规模的调节效应分析结果

变量	企业绩效		
	模型 1	模型 2	模型 3
控制变量			
年龄	0.20**	0.076	0.078
行业			
制造业	−0.15	−0.15*	−0.15
服务业	−0.047	−0.079	−0.081
自变量			
规模（log）		0.23**	0.23**
SHRM		0.40**	0.40**

变量	企业绩效		
	模型 1	模型 2	模型 3
交互项			
规模 × SHRM			0.028
F	4.65**	18.09**	15.07**
R^2	0.055	0.28	0.28
ΔF 值	4.65**	36.20**	0.26
ΔR^2	0.055	0.22	0.001

注：* 表示在 $p < 0.5$ 的水平上显著，** 表示在 $p < 0.01$ 的水平上显著。

五、重视员工对人力资源管理系统模式选择的影响

为验证重视员工与企业采用人力资源管理系统的关系，即 H5a、H5b，本书以人力资源管理系统为因变量，以重视 HRM 和重视员工发展为自变量，年龄、规模、行业和所有制作为控制变量，建立回归模型。表 7.30 显示了重视员工对采用人力资源管理系统影响的层级回归分析结果。

模型 1 表明回归方程仅存在控制变量时，行业、所有制对企业是否采用人力资源管理系统没有影响，而企业年龄、规模对采用人力资源管理系统有显著影响。年龄标准化回归系数为 -0.21，表示其对企业采用人力资源管理系统的影响为负，即企业成立的时间越久，越不容易采用人力资源管理系统。规模的标准化系数为 0.30，表示其对企业采用人力资源管理系统的影响为正，即企业规模越大，越可能采用人力资源管理系统。加入重视员工维度的模型 2 与模型 1 相比，ΔR^2 从 0.069 上升到 0.46，对采用人力资源管理系统的解释力显著提高，说明重视员工对企业采用人力资源管理系统有重要的解释作用。多元线性回归整体检验的 F 值为 29.30（$p = 0.00$），达到 0.01 的显著水平。表示重视人力资源管理、重视员工发展两个预测变量至少有一个自变量的回归系数达到显著或全部的回归系数均达显著。其中，重视人力资源管理、重视员工发展的回归系数均为正，且在 $p < 0.01$ 水平上显著，说明企业对人力资源管理、员工发展越重视，越有可能采用人力资源管理系统，2a 和 2b 得到了验证。

表 7.30　重视员工对采用人力资源管理系统影响的层级回归分析

变量	SHRM	
	模型 1	模型 2
控制变量		
年龄	−0.21*	−0.20**
规模（log）	0.30**	0.30**
行业		
制造业	−0.075	0.017
服务业	−0.0070	0.030
所有制		
国有	−0.025	0.031
外资	0.070	0.0080
民营	0.003	−0.0050
重视 HRM		0.29**
重视员工发展		0.49**
F	2.49*	29.30**
R²	0.069	0.53
ΔF 值	2.49*	114.74**
ΔR²	0.069	0.46

注：* 表示在 p < 0.5 的水平上显著，** 表示在 p < 0.01 的水平上显著。

为了检验重视员工各维度对不同人力资源管理构型选择上的差异，即验证 H5c 和 H5d，本研究进行了独立样本 T 检验，结果如表 7.31 所示。

表 7.31　重视员工在不同人力资源管理模式上的差异性检验

	控制型系统（N=87）		承诺型系统（N=157）		t 值
	平均值	标准差	平均值	标准差	
重视 HRM	2.66	0.78	3.47	0.78	−7.79**
重视员工发展	2.26	0.67	3.30	0.90	−10.28**

注：* 表示在 p < 0.5 的水平上显著，** 表示在 p < 0.01 的水平上显著。

结果表明，重视人力资源管理、重视员工发展在控制型和承诺型人力资源管理系统中都存在显著差异（p < 0.01），而且这两个维度在控制型人力资

源管理系统中的均值显著低于承诺型人力资源管理系统。说明重视 HRM 和重视员工发展在承诺型人力资源管理系统中具有较大的影响力。即企业越重视HRM，越倾向于采用承诺性人力资源管理系统；越重视员工发展，采用承诺型人力资源管理系统的可能性越大。H5c 和 H5d 得到了验证。

六、组织目标对人力资源管理系统模式选择的影响

为验证组织目标与企业采用人力资源管理系统的关系，即 H6a，本研究以人力资源管理系统为因变量，以经济目标和人本目标为自变量，年龄、规模、行业和所有制作为控制变量，共建立 3 个回归模型。回归分析结果如表7.32 所示。

表 7.32　组织目标对采用人力资源管理系统影响的层级回归分析

变量	SHRM		
	模型 1	模型 2	模型 3
控制变量			
年龄	-0.21^*	-0.15^*	-0.15^*
规模（log）	0.30^{**}	0.21^{**}	0.27^{**}
行业			
制造业	-0.075	-0.019	0.021
服务业	-0.0070	0.059	0.092
所有制			
国有	-0.025	0.0030	0.0090
三资	0.070	0.069	0.031
民营	0.0030	-0.052	-0.016
经济目标		0.48^{**}	0.24^{**}
人本目标			0.56^{**}
F	2.49^*	11.98^{**}	30.33^{**}
R^2	0.069	0.29	0.54
ΔF 值	2.49^*	73.06^{**}	126.12^{**}
ΔR^2	0.069	0.22	0.25

注：* 表示在 $p<0.5$ 的水平上显著，** 表示在 $p<0.01$ 的水平上显著。

从表 7.32 可以看出，模型 1 中的企业年龄、规模对采用人力资源管理系统有显著影响，而行业和所有制则没有显著影响。与模型 1 相比，加入了经济目标的模型 2 对企业采用人力资源管理系统影响的解释力显著提高，使得 ΔR^2 从 0.069 上升到 0.22，F 值也具有统计显著性。经济目标的回归系数均为正，且在 $p < 0.01$ 水平上显著，说明越重视经济目标，越有可能采用人力资源管理系统。将人本目标加入模型 3，模型 3 的 ΔR^2 从 0.22 上升到 0.25，显著性改变的 ΔF 值等于 126.12（$p = 0.000$），达到 0.01 的显著水平，显示经济目标和人本目标对采用人力资源管理系统有显著的解释能力，H6a 得到支持。

本书采用独立样本 T 检验来验证 H6b，结果如表 7.33 所示。经济目标、人本目标在控制型和承诺型人力资源管理系统中都存在显著差异，经济目标在控制型人力资源管理系统中的均值与承诺型人力资源管理系统的差距较小，而人本目标在控制型人力资源管理系统中的均值与承诺型人力资源管理系统的差距则很大，接近于 1。说明不同人力资源管理系统对经济目标的重视程度、人本目标的重视程度上均存在差异，H6b 部分得到支持。

表 7.33　组织目标在不同人力资源管理模式上的差异性检验

	控制型系统（N=87）		承诺型系统（N=157）		t 值
	平均值	标准差	平均值	标准差	
经济目标	3.60	0.71	4.17	0.62	−6.58**
人本目标	2.54	0.64	3.51	0.67	−10.99**

注：* 表示在 $p < 0.5$ 的水平上显著，** 表示在 $p < 0.01$ 的水平上显著。

七、环境不确定性对人力资源管理系统模式选择的影响

为验证环境不确定性与企业采用人力资源管理系统的关系，即 H7a、H7b，本书以人力资源管理系统为因变量，以环境复杂性和环境动态性为自变量，年龄、规模、行业和所有制作为控制变量，建立基本回归模型。然后，通过对环境复杂性和环境动态性及其平方项作回归分析考察环境复杂性、动态性与采用人力资源管理系统的倒"U"型曲线关系。

表 7.34 显示了环境不确定性对采用人力资源管理系统影响的层级回归分析结果。从表 7.34 中可以看出，当回归方程中仅存在控制变量时，企业年

龄、规模对采用人力资源管理系统有显著的回归作用，而行业、所有制则无影响；当回归方程中加入环境不确定性的两个子维度后，模型 2 的 R^2 值较模型 1 有显著性提高，说明环境不确定性对企业采用人力资源管理系统有影响。

表 7.34　环境不确定性对采用人力资源管理系统影响的层级回归分析

变量	SHRM	
	模型 1	模型 2
控制变量		
年龄	−0.21*	−0.24*
规模（log）	0.30**	0.31**
行业		
制造业	−0.075	−0.043
服务业	−0.0070	0.043
所有制		
国有	−0.025	0.017
外资	0.070	0.084
民营	0.0030	0.028
环境复杂性		0.28**
环境动态性		0.11**
F	2.49*	5.56**
R^2	0.069	0.18
ΔF 值	2.49*	15.26**
ΔR^2	0.069	0.11

注：* 表示在 $p < 0.5$ 的水平上显著，** 表示在 $p < 0.01$ 的水平上显著。

接下来，采用曲线回归分析检验自变量与其平方项的回归结果，验证环境复杂性与环境动态性是否与采用人力资源管理存在倒 "U" 型关系，结果如表 7.35 和表 7.36 所示。由表 7.35 可知，环境复杂性与采用人力资源管理系统的线性模型中 b_1 的系数为正，说明随着环境复杂性的增加，企业选择人力资源管理系统的可能性越大；且二次模型中显示环境复杂性的平方与采用人力资源管理系统负相关，说明当环境复杂性达到一定程度后，企业采用人力资源管理系统的可能性就转为下降了。从两个模型的 F 检验结果来看，$p <$

0.01，说明模型成立的统计学意义非常显著；从 R^2 统计量看，二次曲线模型（0.095）略优于线性模型（0.092），二次模型拟合效果要比线性模型好，H7a 得到支持。由表 7.36 可知，环境动态性与采用人力资源管理系统的线性模型中 b_1 的系数为正，说明随着环境动态性的增加，企业选择人力资源管理系统的可能性越大；且二次模型中显示环境动态性的平方与采用人力资源管理系统负相关，说明当环境动态性达到一定程度后，企业采用人力资源管理系统的可能性就转为下降了。而且，从表两个模型的 F 检验结果和 R^2 来看，二次模型拟合效果要比线性模型好，H7b 得到支持。尽管曲线方程的系数较小，但在一定程度上也证明了环境复杂性和环境动态性与采用人力资源管理系统的倒 "U" 型曲线关系。

表 7.35　环境复杂性对采用人力资源管理系统的曲线回归分析

方程	R^2	F	常数	b_1	b_2
线性	0.092	24.59**	2.42	0.23	
二次	0.095	12.65**	2.05	0.46	−0.035

注：* 表示在 $p < 0.5$ 的水平上显著，** 表示在 $p < 0.01$ 的水平上显著。

表 7.36　环境动态性对采用人力资源管理系统的曲线回归分析

方程	R^2	F	常数	b_1	b_2
线性	0.031	7.83**	2.81	0.12	
二次	0.035	4.42*	2.45	0.37	−0.038

注：* 表示在 $p < 0.5$ 的水平上显著，** 表示在 $p < 0.01$ 的水平上显著。

本书采用独立方差 T 检验验证环境不确定性各维度在不同人力资源管理构型上差异，即 H7c 和 H7d，结果如表 7.37 所示。结果表明，在环境复杂性维度上，控制型人力资源管理系统与承诺型人力资源管理系统的选择上存在显著差异，而且环境复杂性在控制型人力资源管理系统的均值低于承诺型的，说明环境复杂性对采用承诺型人力资源管理的影响更大，H7c 得到支持。在环境动态性维度上，控制型人力资源管理系统与承诺型人力资源管理系统的选择上不存在显著差异，说明环境动态性在人力资源管理构型选择上没有影响，H7d 没有得到支持。

表 7.37　环境不确定性在不同人力资源管理构型上的差异性检验

	控制型系统（N=87）		承诺型系统（N=157）		t 值
	平均值	标准差	平均值	标准差	
环境复杂性	3.16	0.89	3.61	0.80	−3.97**
环境动态性	3.14	1.03	3.36	0.89	−1.75

注：* 表示在 $p<0.5$ 的水平上显著，** 表示在 $p<0.01$ 的水平上显著。

第三节　实证结果讨论

一、人力资源管理系统与企业绩效关系分析

本书运用层级回归分析检验了企业所有制、规模在人力资源管理系统和企业绩效间的调节作用。结果表明，企业所有制对人力资源管理系统与企业绩效的关系具有显著调节作用，企业规模的调节作用不显著。

1. 理论意义

（1）人力资源管理系统构型可分为两类，企业所有制和规模对其有影响。实证研究结果表明，我国企业人力资源管理系统构型大体可分为两类：控制型人力资源管理系统和承诺性人力资源管理系统，H1a 得到支持。两类人力资源管理系统构型中的招聘、培训、薪酬、绩效评估、员工参与均存在显著差异，而且各项人力资源管理实践的平均值在承诺型人力资源管理系统中更高，表明承诺型人力资源管理系统比控制型人力资源管理系统更重视人力资源管理问题。这与张正堂等（2008）、Delery 和 Doty（1996）、Youndt 等（1996）等学者的研究结果类似。

企业所有制对人力资源管理系统构型有影响，H1b 成立。多数国有企业采用控制型人力资源管理系统，多数外资企业采用承诺型人力资源管理系统，民营企业的选择则比较平均。这是因为国有企业受政府限制较多，人力资源管理的自主权较小；外资企业中的人力资源水平较高，并且管理的自由度也大；民营企业一直在学习国外的管理经验，管理水平不断提高，各项人力资

源管理实践也愈加规范。

企业规模对人力资源管理构型有影响，H1c 成立。大企业更多采用承诺型人力资源管理系统，小企业更多采用控制型人力资源管理系统。这是因为与小企业相比，大企业的资源相对丰富，对人力资源的投资更大，采用承诺型人力资源管理系统的可能性也就越大。

（2）与国内外多数人力资源管理系统对企业绩效影响的研究相一致，本书的 H2 得到支持，表明在京津冀协同发展战略背景下人力资源管理系统对企业绩效有正向作用，支持了人力资源管理理论在中国情境的适用性。而且，采用承诺型人力资源管理系统的企业绩效高于采用控制型人力资源管理系统的企业。这可用资源基础论进行解释，该理论认为人力资源有助于公司实现持续竞争优势。因为承诺型人力资源管理系统更重视人力资源管理，对人力资源管理的投入比较大，人力资源管理也更加规范，使得人力资源在企业绩效中的贡献更大。因此，企业应重视人力资源管理，尽可能为员工提供好的发展条件、多样化的培训、有吸引力的薪酬、广泛地参与企业管理等，才能充分发挥员工在企业绩效增长中的作用。

（3）研究结果支持了 H3，即所有制在人力资源管理系统与企业绩效间有调节作用，外资企业和民营企业中人力资源管理系统对企业绩效的正向影响比国有企业中的大。国有企业在人力资源管理的基础工作、企业内部程序公平上落后于外资企业，在工作组织方式和外部人才引进两个方面都显著落后于民营企业与外资企业（张一弛，2004）。而且，国有企业的人力资源经理不如外资企业的积极，战略作用小（Ding and Akhtar，2001；Zhu and Warner，2004）。因此，国有企业受政府管制以及以前管理方式内在惯性的影响，人力资源管理系统对企业绩效的影响不大。外资企业在中国不仅享有很多优惠政策以及很大的管理自主权，而且采用人力资源管理系统时有许多可以直接借鉴的管理经验和众多优秀的管理人才，能够以较小的成本建立较完善的人力资源管理系统。基于此，外资企业中人力资源管理系统对企业绩效的影响比较显著。民营企业受成本和资源的限制，不如外资企业在人力资源管理上投资多，但它们一直在努力学习国外的管理知识和经验。民营企业中的管理者的管理能力提升很快并对企业管理实践产生了积极影响，以至于在某些情况下，民营企业已经超越了同行外资企业（Law et al., 2003）。与外资企业相比，民营企业以前的人力资源没有得到有效管理，致使其对企业绩效的贡献很小，一旦采用了人力资源管理系统，人力资源的技能、工作动机以及参与工作的意愿都将得到极大提升，企业绩效将得到极大的改善。这也解释了本书实证结果中民营企业中人力资源管理系统对企业绩效的影响比外资企业还大的原因。

（4）H4没有得到支持，规模不会影响人力资源管理系统与企业绩效间的关系。由资源基础论可知，公司的规模越大就可以将更多的资源投入人力资源管理实践上。相对于小企业而言，大企业通常在人力资源管理上投资更多，例如提供丰富多样的培训、高于市场平均水平的薪酬、更好的福利待遇、不断创新的管理机制等。而一些人力资源管理实践的成本较高，如为了吸引人才的高工资（特别是外籍高级管理者）（Warner et al., 1999）、为了留住员工的广泛培训和员工职业发展（Ngo et al., 2008）。这些人力资源管理实践会大大增加企业的运行和管理成本，并且人力资源管理实践对企业绩效的影响往往有一定的滞后性，很可能在短期内出现"入不敷出"的现象，表现出人力资源管理系统对企业绩效的影响不明显。

另一个可能的原因是小企业从人力资源管理系统中获益良多。小企业，尤其是家族企业具有相当的时间和成本意识，为了使有限的资源获得最大的绩效产出，在战略上选择更多还是更少的人力资源实践更像是机会主义行为（Kerr and McDougall, 1999；King et al., 2001；McCann et al., 2001；Dickson et al., 2006）。事实上，与大企业相比，小企业的组织结构比较简单、员工人数较少，人力资源管理实践能够更加灵活地应对外部环境变化，使人力资源对企业绩效的贡献达到最大。在中国，采用创新型人力资源实践的中小企业有更好的人力资源产出和更高的绩效（Zheng et al., 2009）。基于以上两个原因，规模并不影响人力资源管理系统对企业绩效的作用。

2. 实践贡献

（1）本书研究表明企业所有制、规模确实对企业人力资源管理系统采用产生影响，所以企业必须根据自身的特征设计相应的人力资源管理系统和人力资源政策。企业特征决定企业的资源禀赋有所不同，相应地，企业人力资源管理的方向和主要内容各不相同。对于希望采用人力资源管理系统的企业而言，如果能够注意分析企业特征的影响，根据自身特征采取不同的人力资源管理实践，无疑更有利于企业的员工为企业发展创造更大的价值。

（2）重视人力资源管理系统。本书的研究结论表明人力资源管理系统对企业绩效有显著影响。这说明在京津冀协同发展战略下人力资源管理系统是提高企业绩效、获取竞争优势的重要因素。因此，企业的高层经理应重视人力资源管理系统，对人力资源管理给予一定的倾斜，例如：增加人力资源部门的预算、制定企业战略时优先考虑人力资源管理问题，充分发挥人力资源在企业建设中的作用。

（3）与外资企业和民营企业相比，国有企业中人力资源管理系统对企业绩效的影响最小。所以，在我国经济转型过程中，国有企业应重视人事制度改革。国有企业的人事制度改革是实施"人才强企"战略的关键，为全面提升国有企业核心竞争力提供强有力的人才保障。首先，政府应给予国有企业更大的自主权，使企业能够根据市场经济的需要实施最有效的人力资源管理方式。其次，国有企业的管理者要尽快转变思想，提高管理水平和能力，围绕企业发展战略，充分发挥每个员工的工作能力和创造能力，有效调动员工的积极性，选聘、培育、开发、保留更多的优秀人才。

（4）本书的研究结论表明企业规模在人力资源管理系统和企业绩效间不存在调节作用。对于实践的启示是，无论是大企业还是小企业，都可以通过人力资源管理系统提高企业绩效。然而，小企业因为资源的限制，往往在战略上对人力资源管理的重视程度以及正规性上不如大企业。今后，小企业的高层经理应重视公司的人力资源管理，加大对人力资源方面的投资，从长远的角度考虑人力资源管理问题。

二、人力资源管理系统模式选择的分析

（1）重视员工对企业采用人力资源管理系统的影响。实证结果表明，重视人力资源管理与采用人力资源管理系统的正向关系及重视员工发展与采用人力资源管理系统的正向关系被支持，H5a 和 H5b 成立。也就是说，企业的高层经理非常重视人力资源管理和员工发展，人力资源管理系统的采用程度

会很高。Kane 和 Palmer（1995）的观点也从侧面验证了这一结论，他们强调高层经理的喜好对人力资源管理政策和实践有显著影响。

对于 H5a 和 H5b 的检验结果，可以从资源基础论进行解释。高层经理如果认为人力资源是公司持续竞争优势的源泉，会特别地关注员工和人力资源管理问题，在人力资源部门上的投资相比其他部门有优势，做战略决策时会优先考虑人力资源相关问题，让人力资源在实现公司战略目标中充分发挥作用。因此，采用人力资源管理系统的可能性就越大。

之后，提出重视人力资源管理和重视员工对选择控制型人力资源管理系统和承诺型人力资源管理系统有影响，并以实际数据进行了验证。本书通过研究发现，企业越重视人力资源管理，越有可能采用承诺型人力资源管理系统；企业越重视员工发展，越可能采用承诺性人力资源管理系统，H5c 和 H5d 得到支持。Ryu 和 Kim（2007）的研究就体现了这一点，他们以韩国 588 家企业为研究对象，结果显示，重视人力资源并强调人事部门角色的企业，往往会采用诱导员工忠诚于组织的承诺型人力资源管理系统。

（2）组织目标对企业采用人力资源管理系统的影响。实证结果表明同样重视经济目标和人本目标的企业与采用人力资源管理系统正相关，H6a 得到验证。这与 Wang 等（2007）的研究结果相一致，即经济目标和人本目标在企业的人力资源管理选择上共同发挥作用。这是因为企业的一切活动都要围绕组织目标来进行，当企业确定了组织目标后，要选定适合的招聘、培训、薪酬等人力资源管理实践以确保组织目标的实现。而人力资源管理系统在调动员工积极性、提高员工满意度和留职意愿，系统地将人与组织联系起来、部署人力资源实现组织目标方面具有不可比拟的优越性。同样地，高绩效工作系统中的授权和培训会提高员工满意度，进而减少工作中的退缩性行为（孙健敏、张明睿，2009）。

对于 H6a 的检验结果，可从心理契约理论进行解释。员工个人目标与组织目标之间存在着隐含的契约，企业要清楚员工的发展期望，并尽量满足员工的这种期望；而员工则相信企业能实现他们的期望，并为企业发展全力奉献。人力资源管理系统一直追求企业目标实现的同时个人目标也能够实现，对此做了最好的阐释。因而，为了更好地实现组织的经济目标和人本目标，人力资源管理系统是企业的最佳选择。

随后的差异性检验结果表明，经济目标和人本目标的重视程度在控制型人力资源管理系统中都低于承诺型人力资源管理系统，H6b 部分得到支持。经济目标在两种人力资源管理系统构型中的差异性表现可能是因为经济目标定得高的企业一般是各方面条件都比较好的企业，人力资源管理实践也比较规范，采用承诺型人力资源管理系统构型的可能性随之增大。

（3）环境不确定性对企业采用人力资源管理系统的影响。赵曙明等（2002）指出组织需要对环境变化以及组织自身优劣势所带来的机遇和威胁作出评价，以使人力资源管理活动，包括组织设计、确定人员配置需求、进行能力开发、提高工作绩效等共同构成一个系统并与组织战略保持一致。本书进一步采用实证研究方法对该议题进行论证。

实证结果表明，环境复杂性与采用人力资源管理系统的倒"U"型曲线关系及环境动态性与采用人力资源管理系统的倒"U"型曲线关系被支持，即H7a、H7b 成立。也就是说，随着环境复杂性和动态性的增加，企业采用人力资源管理系统的可能性先增加，达到一定程度后，采用人力资源管理系统的可能性会下降。曲线回归方程的系数较小，可能是因为人力资源管理系统的效果完全展现出来有滞后性，采用当前的环境变量进行研究时导致二者的相关系数较低。但环境复杂性、动态性与采用人力资源管理系统的倒"U"型曲线关系基本上是成立的。

对于 H7a 和 H7b 的检验结果，可用复杂理论进行解释。企业在动态非线性的环境下，要关注环境和人力资源管理的共同演进。当环境的不确定性较低时，企业各岗位所要做的工作是标准化的。在这种情况下，企业只需提供标准化的人力资源管理即可，做战略时对人力资源管理方面的事情不需过多关注。当环境不确定性非常高时，需要的人力资源管理方式具有极大的不确定性。面对这样的情形，企业决策时不要过多地改变人力资源管理政策和实践较为稳妥。因此，在适中的环境复杂性和环境动态性条件下，最适合采用人力资源管理系统。

接下来的研究证实了在环境的不确定性不是非常高的情况下，环境复杂性越大选择承诺型人力资源管理系统的可能性越大，H7c 成立；环境动态性越大选择承诺型人力资源管理系统的可能性越大，H7d 没有得到支持。这是因为当环境的复杂性较低时，企业采用控制型人力资源管理系统执行程序化的人力资源管理即可；当环境的复杂性增加时，为了应对复杂的环境，采用柔性更大的承诺型人力资源管理系统更为适合。而环境动态性的增大对企业选择何种类型的人力资源管理系统构型没有影响，可能是因为企业在选择人力资源管理系统构型时都有考虑环境动态性的影响，无论是环境变化很快还是很慢的时候。因此，环境动态性的增加对企业选择人力资源管理系统构型没有显著影响。

换言之，企业选择人力资源管理系统构型时不需要考虑太多环境变化因素。

本书可为京津冀企业有效采用人力资源管理系统提出针对性的政策建议。重视员工是企业采用人力资源管理系统的先决条件，这意味着企业要重视人力资源管理职能，以及为员工创造良好的发展环境，创造有利于人力资源管理系统发展的空间。另外，组织目标也是决定企业是否采用人力资源管理系统的重要因素。如果企业想要采用人力资源管理系统，重视经济目标的同时，也要关注人力资源目标的设定与实现。

除此之外，环境不确定性也是企业是否采用人力资源管理系统而不得不考虑的一个重要因素。当前身处不确定环境中的中国企业必须意识到，一味地追求采用人力资源管理系统并不一定是最合适的人力资源管理方式，企业应了解并预期企业处于怎样的环境复杂性、动态性发展阶段，以此来决定当前最为合适的人力资源管理方式。

第四节　本章小结

本章在第五章提出的京津冀协同发展下人力资源管理系统模式选择的理论模型与研究假设的基础上，通过京津冀地区 244 份调研问卷样本，综合运用因子分析、相关分析、多元回归分析、差异性检验、聚类分析等方法进行实证研究，逐步分析了重视员工、组织目标、环境不确定性、企业性质、人力资源管理系统与企业绩效之间的作用关系机理。

　　首先，本章对整份量表进行了项目分析，以检验各个题项的适切或可靠程度，结果表明每个题项的鉴别度都很高，均予以保留。其次，对第六章设计的量表进行因子分析和内部一致性检验，以检验量表的信度和效度，结果基本与理论预设相符。再次，对京津冀企业人力资源管理系统进行分类，并检验规模、所有制对人力资源管理系统模式的影响。又次，检验了京津冀企业人力资源管理系统与企业绩效的关系，探索了企业特征对人力资源管理系统与企业绩效关系的影响，验证了企业所有制在其中的调节作用。最后，通过实证分析检验选择动因对人力资源管理系统的影响，验证了重视员工、组织目标对企业采用人力资源管理系统有显著正向影响，环境不确定性对企业采用人力资源管理系统存在倒"U"形曲线关系，而且这三种影响因素的差异性对企业采用何种人力资源管理系统模式也有影响。此外，本章对实证研究结果支持的假设进行说明，对未证实的假设展开分析讨论，结合理论和实践给出了相应的解释。

第八章 结论与展望

本书对京津冀协同发展下企业人力资源管理模式选择进行了较为系统、深入的研究分析，在对人力资源管理系统相关理论、中国企业人力资源管理实践转变及特征、人力资源管理系统影响因素、人力资源管理系统与企业绩效关系等文献进行细致梳理和详细评述的基础上，采用案例研究和内容分析法得出人力资源管理系统选择的决定性因素，进而采用层级回归分析、方差检验、聚类分析等实证方法层层检验"人力资源管理系统与企业绩效、选择动因对人力资源管理系统的影响"等一系列假设。本章将对前述研究结果进行汇总整合，讨论研究结果的理论贡献和实践意义，并在指出本研究的不足和局限性的基础上提出未来的研究方向。

第一节 主要研究结论

本书结合京津冀协同发展和人力资源发展现状，根据京津冀地区的 244 份有效样本，运用实证研究方法对研究假设进行了检验，主要的研究结论可以归纳为以下几个方面：

（1）探索京津冀协同发展下人力资源管理系统对企业绩效的影响。人力资源管理系统对企业绩效是否有显著正向影响？这是探讨本书问题的基础，并且充分考虑了企业特征在人力资源管理系统与企业绩效中的作用。以往的研究指出企业所有制、规模、地区等企业特征变量对人力资源管理实践有影响，并且，本书也表明企业所有制、规模对人力资源管理系统构型有影响。

因此，有必要将这些变量作为主要的自变量来研究它们对人力资源管理系统与企业绩效关系的独立和直接的影响，实证研究结果显示：①在对人力资源管理系统构型研究文献分析的基础上，通过验证性因子分析、聚类分析、独立方差 T 检验研究中国企业人力资源管理系统构型差异性问题。结果表明，我国企业人力资源管理系统构型分为承诺型和控制型两类，承诺型企业中的招聘、培训、薪酬、绩效评估、员工参与等各项人力资源管理实践以及企业绩效的平均值都高于控制型企业。说明承诺型人力资源管理系统构型中的人力资源管理实践比控制型人力资源管理系统中的更加规范，有利于提高企业绩效。并且，国有企业更多采用控制型人力资源管理系统，外资企业和民营企业更多采用承诺型人力资源管理系统；大企业更多采用承诺型人力资源管理系统，小企业更多采用控制型人力资源管理系统。②所有制在人力资源管理系统与企业绩效间有调节作用，即在外资企业和民营企业中，人力资源管理系统对企业绩效的作用比在国有企业中更加明显。这是因为国有企业人力资源管理中仍存在一些弊端，导致人力资源管理系统对企业绩效的影响较小；外资企业有直接可以借鉴的经验，采用人力资源管理系统的成本较低，其对企业绩效影响比较明显；民营企业的人力资源管理水平不断提高，从先进的人力资源管理方式中获益更大。因此，人力资源管理系统对提升企业绩效的作用在外资企业、民营企业中较大。③规模对人力资源管理系统与企业绩效关系的调节效应假设没有得到验证，即企业规模不能对人力资源管理系统与企业绩效关系产生大的影响作用。可能的原因在于：一是因为大企业比小企业在人力资源管理上的投资大，而由于人力资源管理系统对企业绩效影响的滞后性，短期内的投资—收益比率较低；二是因为与大企业相比，小企业的资源匮乏、管理方式落后，一旦采用了人力资源管理系统，将从中获益良多。

（2）得出企业人力资源管理系统的选择动因。本书从前人的研究结果中梳理出影响企业人力资源管理实践的因素、影响企业采用人力资源管理系统的因素，然而，现有研究大多局限在西方国家或是韩国、印度等新兴国家，对中国情景下人力资源管理系统选择动因的研究并不多见。为深入理解这一问题，本书先选择了 4 家企业进行案例研究，分析影响企业采用人力资源管理实践的因素，以期为后面的人力资源管理系统选择动因研究奠定基础。通过分析发现，影响企业人力资源管理实践的因素共有 7 个，其中，最为重要的因素有 3 个，即重视员工、组织目标和外部环境。下一步，本书聚焦在企业人力资源管理系统选择动因，以在中国境内的人力资源管理较好的国有企业、民营企业、外资企业为研究对象，首先确定 87 家具有完备人力资源管理系统的企业，然后通过搜索这些企业人才战略、人才发展、职业发展等获取质性分析的情境性资料，接着采用内容分析法对这些定性资料进行研究和统计分析，归纳出影响因素，构建人力资源管理系统选择动因理论模型并进行验证，并研究影响因素在企业特征、行业背景上的差异，以启迪我国企业有效地采用人力资源管理系统，最终在市场竞争中取得优势。研究发现，重视员工、组织目标、环境不确定性是影响我国企业采用人力资源管理系统的主要因素。重视员工指高层经理真正意识到员工对企业发展的重要性，分为重视人力资源管理和重视员工发展两个维度。组织目标是一个组织未来一段时间内要实现的目标，分为经济目标和人本目标两个维度。环境不确定性指环境的不可预测性，包括环境复杂性和环境动态性。并且，这三种影响因素在国有企业、民营企业、外资企业中没有显著差异；重视员工、组织目标在企业行业属性上亦不存在显著差异，而环境不确定性在不同行业企业则有显著差异。

（3）明确选择动因对人力资源管理系统的影响作用。用定性研究方法得出企业选择人力资源管理系统的决定性因素之后，本书通过问卷获得京、津、冀地区 244 家样本企业的有效数据，采用实证研究的方法验证选择动因对人力资源管理系统的影响。实证研究结果表明：①重视人力资源管理、重视员工发展均与企业采用人力资源管理系统正相关。并且，企业越重视人力资源管理，越可能采用承诺型人力资源管理系统；企业越重视员工发展，越可能采用承诺型人力资源管理系统。即企业的高层经理认为员工对企业发展至关重要，就会非常重视人力资源管理和员工发展，人力资源在企业中将更多地扮演战略性角色，致使企业采用人力资源管理系统的可能性就越大。并且，企业对人力资源管理和员工发展的重视程度越高，各项人力资源管理实践就越完善、规范，越有可能采用承诺型人力资源管理系统。②同样重视经济目标和人本目标的企业与采用人力资源管理系统正相关，企业对经济目标和人本目标的同样重视程度越高，采用承诺型人力资源管理系统的可能性越大。说明组织目标是企业采用人力资源管理系统的重要决定因素，而且对组织目标的重视程度影响企业的人力资源管理系统构型选择。③环境的复杂性与企业采用人力资源管理系统存在倒"U"型曲线关系，环境的动态性与企业采用人力资源管理系统存在倒"U"型曲线关系。具体而言，当企业外部环境复杂性增加时，适合采用人力资源管理系统，但当环境复杂性增加到一定程度后，反而不适合采用人力资源管理系统；当外部环境变化速度增加时，适合采用人力资源管理系统，但当外部环境变化速度快到一定程度后，不适合采取人力资源管理系统。而且，在环境的不确定性不是非常高的情况下，环境复杂性越大，企业选择承诺型人力资源管理系统的可能性越大；但环境动态性增大时，企业选择承诺型人力资源管理系统的可能性并没有增加。也就意味着随着环境复杂性的增加，企业采用承诺型人力资源管理系统更为适合，而随着环境动态性的增加对企业采用何种人力资源管理系统构型没有影响。

第二节 理论贡献与实践意义

一、理论贡献

（1）通过讨论企业特征对人力资源管理系统及其与企业绩效关系的影响，深化了对不同特征企业采用人力资源管理系统的理解。

首先，以往研究较多探讨企业所有制、规模、行业等对传统人力资源管理实践的影响，但具体到企业特征对人力资源管理系统有哪些影响的研究较少。其次，以往一些研究人力资源管理系统对企业绩效影响的文献中往往将企业特征作为控制变量，很少将其作为独立变量单独研究，深入剖析其对人力资源管理系统与企业绩效关系的影响。本书将企业所有制、规模作为主要的自变量，探究其对人力资源管理系统的影响，对企业特征影响人力资源管理系统与企业绩效关系进行规范分析和实证研究。研究表明企业所有制、规模对企业人力资源管理系统有影响，并且，企业所有制在人力资源管理系统与企业绩效间有调节作用。相关结论揭示了企业特征的重要性，而不能再像以往研究的那样，仅仅将它们作为控制变量来对待，同时，也为企业如何根据自身的特点而有意识和针对性地构建适合的人力资源管理系统提供了重要依据，深化了对不同企业特征中采用人力资源管理系统的理解。

（2）扎根京津冀协同发展背景，识别了影响企业采用人力资源管理系统的决定性因素。目前关于人力资源管理系统选择动因的研究仍比较薄弱，且大多讨论过于依赖特定的环境，导致研究结论过于情景化，对我国企业的实践指导意义不大。本书根据文献梳理出影响企业人力资源管理实践以及人力资源管理系统选择的因素，并以中国企业为研究对象，运用案例分析、内容分析等质性研究方法重新构建了人力资源管理系统选择动因模型，发现影响企业选择人力资源管理系统的因素除了组织目标（经济目标、人本目标）、重视人力资源管理外，还有重视员工发展和环境不确定性（环境复杂性、环境动态性），并对此进行了较为系统的实证研究。虽然本书探索出的选择动因在研究规范和深度上还有待进一步完善，但从理论上讲，这些研究成果能够有力地解释企业采用人力资源管理系统的原因，在一定程度上弥补了现有研究的不足，扩展了人力资源管理系统研究的前因变量，为企业有效采用人力资源管理系统提供更为科学性、针对性、具体性的理论解释。

二、实践意义

（1）大力发展人力资源管理系统，更为重要的是重视人力资源管理系统的执行效果。人力资源管理系统对企业绩效有显著正向影响，因此，企业可积极采用人力资源管理系统，尽可能地提升人力资源在企业获取持续竞争优势中的作用。然而，对于企业而言，更为重要的是保证人力资源管理系统的执行效果与预期目标保持一致。企业要制定有效的执行步骤，比如制度规划、梳理管理流程、明确目标体系、监控措施到位、及时反馈等，以提升人力资源管理系统的执行力。

（2）根据企业自身特征，建立适合本企业的人力资源管理系统体系。企业必须根据自身的特征设计相应的人力资源管理系统和政策。比如，国有企业应重视人事制度改革，提高管理水平和能力，重视人力资源管理系统建设。一些中小企业尽管在技术、人才、资金等方面与大企业相比都有劣势，但仍可通过建立具有竞争力的薪酬体系、合理的员工激励机制、完善的竞争机制等人力资源管理机制，使人力资源得到深层次的开发和利用。

（3）利用企业拥有或控制的资源，创建有利于人力资源管理系统发展的空间。企业高层经理应非常重视员工，为员工提供舒适的办公环境，多层次、多样化的培训，极具竞争力的薪酬体系，通畅的沟通渠道，公开、公平、公正的绩效考核体系等。企业在重视经济目标的同时，还要重视人本目标，以提高员工满意度、对组织的承诺为己任。如此，尽可能地为人力资源管理系统发展创造良好的条件。

（4）关注外部环境变化对企业人力资源管理系统的影响。企业应认清所处的环境，了解并预期企业处于怎样的环境复杂性、动态性发展阶段，以此来决定当前最为合适的人力资源管理方式。当环境不是很复杂多变时，选择承诺型人力资源管理系统是最为合适的；当环境非常复杂多变时，采取控制型人力资源管理系统则更为合适。

第三节　研究局限与展望

一、本书的研究局限

本书还存在一些局限性，主要体现在以下几个方面：

（1）同源方差的局限性。本书所有条目都由公司的人力资源经理或总经理填答，尽管这些问题基本上都和人力资源管理有关。如果人力资源管理部分由人力资源经理填答，重视员工、组织目标、环境不确定性部分由总经理来填答，将会降低同源方差所带来的问题，也可以较好地避免填答者因对某个问题不清楚而导致的信息歪曲。

（2）横截面数据的局限性。重视员工、组织目标、环境不确定性对企业采用人力资源管理系统的影响都有一定的时间作用，而且人力资源管理系统对企业绩效的影响效果也有一定的滞后性。和多数已有研究一样，本书的自变量和因变量都采用同一时点上的数据，使得因果关系没能得到充分验证。尽管研究结果与理论基础相一致，但不能完全断言重视员工、组织目标、环境不确定性与采用人力资源管理系统间存在因果关系，人力资源管理系统与企业绩效间的因果关系。未来的研究有必要用纵向设计或案例研究方法，以得出更具可信效度的研究结果。

（3）采用主观数据测量企业绩效的局限性。尽管目前许多研究都采用主观数据测量企业绩效，并已证明该测量方法的可行性。如果在未来的研究中，采用利润率、资产回报率等客观数据测量企业绩效得到的结果将更为可靠。

二、未来研究展望

研究企业选择人力资源管理系统的决定性因素，并进一步探讨其对人力资源管理系统与企业绩效关系的影响是人力资源管理研究领域中一个令人激动的话题，本书只是做出了初步的尝试。以本研究为起点，在以下几个方面还有进一步研究的价值和可能：

（1）以非京津冀企业为研究对象，进行跨文化比较研究。本书主要以在京津冀的企业为研究对象，没有对其他地区企业采用人力资源管理系统的决定性因素进行分析研究。因此，将样本得到的结果是否能推论到其他地区有待商榷。在今后的研究中，有必要以非京津冀企业为研究对象，探讨人力资源管理系统选择动因是否存在差异，不同的地域环境、文化、经济等背景因素是否是导致这种差异的重要原因，进行跨文化的比较研究分析。

（2）综合考虑重视员工、组织目标、环境不确定性对企业选择人力资源管理系统的交互影响。本书分别探讨了重视员工、组织目标、环境不确定性对企业选择人力资源管理系统的影响，事实上，这些要素都是组织拥有或控制的资源，它们之间必然存在一定的相关联系和影响。因此，在今后的研究中，有必要综合考虑这些要素的交互作用对企业选择人力资源管理系统的影响。

（3）引入时间框架进行人力资源管理系统选择动因的动态演进过程研究。本书总体上是在时间截面上对人力资源管理系统选择动因及其对其他变量的影响进行评估，对选择动因自身的动态演进过程没有进行深入的探讨。今后的研究应采取更为动态的研究视角，应用纵向案例或事件史分析的方法，探讨选择动因在人力资源管理系统不同阶段的特征表现，更加系统地分析推动或阻碍人力资源管理系统发展的影响因素，以期为企业的人力资源管理系统发展提供更加科学、清晰的政策建议。

附　录

企业人力资源管理选择动因调查问卷

尊敬的女士/先生：

您好！这份问卷主要是了解企业选择或实施各项人力资源管理措施的动因。这是一项独立的调查研究，所有资料将只会用作本学术研究之用。

此问卷以不记名的方式进行，您提供的答案及个人资料会绝对保密，请放心填写。本问卷采用 5 级打分法，1~5 依次表示非常不同意（非常不恰当、很低、很不重视）向非常同意（非常恰当、很高、很重视）过渡，分数 3 为中性标准。请在合适的数字上打"√"。当完成问卷后，请确定您已回答了每一部分的每项问题，并尽快将结果返还问卷发放人，谢谢您的合作。

一、贵公司目前提供或实施各项人力资源管理措施的程度

	很低程度 ⟶			很高程度
（1）企业主要雇用那些已经具备必要知识与技能的求职者	1	2	3	4	5
（2）企业对求职者有严格的甄选	1	2	3	4	5
（3）公司使用不同的方式去招收员工	1	2	3	4	5
（4）企业为员工提供广泛的培训	1	2	3	4	5
（5）企业的培训依照正式明确的程序来进行	1	2	3	4	5

续表

	很低程度 ————————————————→				很高程度
(6) 与同行业的竞争者相比，企业花更多的金钱在员工培训上	1	2	3	4	5
(7) 企业的薪酬制度是公平和合理的	1	2	3	4	5
(8) 企业给优秀员工提供奖励性报酬	1	2	3	4	5
(9) 公司为绝大多数员工提供包括员工持股和利润分享等在内的团队分配计划	1	2	3	4	5
(10) 提供有竞争力的工资	1	2	3	4	5
(11) 企业收集不同方面（包括上级、下级和同级）的意见去评核员工	1	2	3	4	5
(12) 公司通常有客观可计量的标准进行绩效评估	1	2	3	4	5
(13) 员工的工作成果是绩效评估中的一个关键部分	1	2	3	4	5
(14) 企业注重实现与员工的信息共享	1	2	3	4	5
(15) 企业有正式的员工参与计划	1	2	3	4	5
(16) 企业鼓励员工多提意见，改善内部运作	1	2	3	4	5

二、请判断以下说法是否恰当地描述了贵企业现实的情况

	非常不恰当 ————————————————→				非常恰当
(1) 企业高层管理者认为人力资源管理对于本企业十分重要	1	2	3	4	5
(2) 人力资源相关问题总是高层管理者在制定决策时优先考虑的	1	2	3	4	5
(3) 相对其他管理职能（比如营销、金融），高层管理者更多关注人力资源问题	1	2	3	4	5
(4) 创造条件让员工充分发挥聪明才智	1	2	3	4	5
(5) 公司尽量使员工的工作有趣味	1	2	3	4	5
(6) 公司对我的个人利益和公司利益同样关心	1	2	3	4	5

三、贵企业在实际工作中对以下组织目标的重视程度

	很不重视			很重视
（1）提高现有产品的质量	1	2	3	4	5
（2）降低现有生产成本	1	2	3	4	5
（3）不断改进技术水平来获得效率	1	2	3	4	5
（4）提高企业在市场上的竞争力	1	2	3	4	5
（5）提高企业的市场份额	1	2	3	4	5
（6）提高员工满意度	1	2	3	4	5
（7）改善员工工作生活质量	1	2	3	4	5
（8）对员工充分授权	1	2	3	4	5
（9）促进员工发展和成长	1	2	3	4	5

四、您对以下涉及企业环境方面描述的同意程度

	非常不同意			非常同意
（1）社会文化、政治或社会事件、政策导向等因素影响企业的产品需求	1	2	3	4	5
（2）文化、政府政策等因素影响企业的产品质量标准	1	2	3	4	5
（3）政府、社会公众、媒体、社区等影响企业的内部经营运作	1	2	3	4	5
（4）政府以及相关部门帮助企业获得各种许可，如引进技术	1	2	3	4	5
（5）本行业的技术变化非常快	1	2	3	4	5
（6）顾客需求和产品偏好变化非常快	1	2	3	4	5
（7）竞争对手的竞争策略与行为变化的速度很快	1	2	3	4	5
（8）本行业替代品出现的速度很快	1	2	3	4	5

五、与同行竞争对手相比，在过去的三年里贵公司的

	很低			➡	很高
（1）利润水平	1	2	3	4	5
（2）总销售量	1	2	3	4	5
（3）总销售增长率	1	2	3	4	5
（4）市场占有率	1	2	3	4	5
（5）总资产增长率	1	2	3	4	5
（6）在行业中的竞争地位	1	2	3	4	5

六、背景情况

1. 贵企业所在地区：＿＿＿＿＿＿＿省＿＿＿＿＿＿＿市（县）

2. 您所在公司属于何种性质：

☐ 国有独资　　☐ 中外合资　　☐ 外商独资

☐ 民营企业　　☐ 集体企业　　☐ 其他（请注明）＿＿＿＿＿＿＿

3. 您所在公司属于的行业：

☐ 金融保险　　☐ 食品饮料　　☐ 日用化工　　☐ 电力行业

☐ 石油化工　　☐ 医药卫生　　☐ 航空业　　　☐ 钢铁工业

☐ 汽车及配件　☐ 房地产投资　☐ 家电业　　　☐ 商贸旅游

☐ 电子通信　　☐ 电信运营　　☐ 餐饮服务　　☐ 纺织工业

☐ 建材建筑　　☐ 烟草行业　　☐ 其他行业（请注明）＿＿＿＿＿＿

4. 您所在企业员工总数：＿＿＿＿＿＿＿＿＿＿＿＿＿＿＿

5. 贵企业成立至今已有：＿＿＿＿＿＿＿＿＿＿＿＿＿＿

6. 您在贵企业担任的职务是：＿＿＿＿＿＿＿＿＿＿＿＿＿

7. 您曾经从事过的领域是（可多选）：

☐ 营销管理　　☐ 财务管理　　☐ 生产管理　　☐ 人力资源管理

☐ 战略管理　　☐ 行政管理　　☐ 技术研发

☐ 其他（请注明）＿＿＿＿＿＿＿＿＿＿＿

8. 您的受教育程度：

□ 大专　　　　□ 本科　　　□ 硕士

□ 其他（请注明）_____

参考文献

［1］Ahlstrom D, Foley S, Young M N, Chan E S. Human resource strategies in post-WTO China. Thunderbird International Business Review, 2005, 47(3): 85-263.

［2］Akhtar S, Ding D Z, Ge G L. Strategic HRM practices and their impact on company performance in Chinese enterprises. Human Resource Management, 2008, 47 (1): 15-32.

［3］Arthur J B. Effects of human resource systems on manufacturing performance and turnover. Academy of Management Journal, 1994, 37 (3): 670-687.

［4］Arthur J B. The link between business strategy and industrial relations systems in American steel minimills. Industrial and Labor Relations Review, 1992, 45 (3): 488-506.

［5］Barnard M E, Rodgers R A. How are internally oriented HRM policies related to high-performance work practices? Evidence from Singapore. International Journal of Human Resource Management, 2000, 11 (6): 1017-1046.

［6］Barnes C M, Jiang K., Lepak D P. Sabotaging the benefits of our own human capital: Work unit characteristics and sleep. Journal of Applied Psychology, 2016, 101 (2): 209-221.

［7］Barney J B, Wright P M. On becoming a strategic partner: The role of human resources in gaining competitive advantage. Human Resource Management, 1998, 37 (1): 31-46.

［8］Barney J B. Resource-based theories of competitive advantage: A ten-year retrospective on the resource-based view. Journal of Management, 2001, 27

（6）：643-650.

[9] Batt R. Managing customer services: Human resources practices, quit rates, and sales growth. Academy of Management Journal, 2002, 45（3）：587-597.

[10] Becker B E, Huselid M A, Peter S, et al. HR as a source of share-holder value: Research and recommendation. Human Resources Management, 1997, 36（1）：39-47.

[11] Becker B E, Huselid M A. Strategic human resources management: Where do we go from here? Journal of Management, 2006, 32（6）：898-925.

[12] Becker B, Gerhart B. The impact of human resource management on organizational performance: Progress and Prospects. Academy of Management Journal, 1996, 39（4）：779-801.

[13] Beer M, Boselie P, Brewster C. Back to the future: Implications for the field of HRM of the multistakeholder perspective proposed 30 years ago. Human Resource Management, 2015, 54（3）：427-438.

[14] Bennett N, Ketchen D J Jr, Schultz E B. An examination of factors associated with the integration of human resource management and strategic decision making. Human Resource Management, 1998, 37（1）：3-16.

[15] Benson J, Zhu Y. Markets, firms and workers in Chinese State-Owned enterprises. Human Resource Management Journal, 1999, 9（4）：58-74.

[16] Björkman I, Lu Y. The management of human resources in Chinese-Western joint ventures. Journal of World Business, 1999, 34（3）：306-324.

[17] Björkman I, Xiucheng F. Human resource management and the performance of western firms in China. International Journal of Human Resource Management, 2002, 13（6）：853-864.

[18] Bowen D E, Ostroff C. Understanding the HRM-firm performance linkages: The role of the "strength" of the HRM system. Academy of Management Review, 2004, 29（2）：203-221.

[19] Bowen D E, Ostroff C. Understanding HRM-firm performance linkages: The roles of the "Strength" of the HRM system. Academy of Management Review,

2004, 29 (2): 203-221.

[20] Brewster C, Larsen H H, Mayrhofer W. Integration and assignment: A paradox in human resource management. Journal of International Management, 1997 (3): 1-23.

[21] Breznik L, Lahovnik M. Renewing the resource base in line with the dynamic capabilities view: A key to sustained competitive advantage in the IT Industry [J]. Journal for European Management, 2014, 19 (4): 453-485.

[22] Budhwar P S. Strategic integration and development of human resource management in the UK manufacturing sector. British Journal of Management, 2000, 11 (4): 285-302.

[23] Budhwar P, Debrah Y A. Future research on human resource management systems in Asia. Asia Pacific Journal of Management, 2009, 26 (2): 197-218.

[24] Butler J E, Ferris G R, Napier N K. Strategic human resources management. Cincinnati: Southwestern, 1991.

[25] Chen C C. New trends in rewards allocation preferences: A Sino-U.S. comparison. Academy of Management Journal, 1995, 38 (2): 408-428.

[26] Chen X H, Lau C M. Enterprise reform: A focus on state-owned enterprises. In Lau C M and Shen J F (Eds). China Review 2000. Hong Kong: Chinese University Press, 2000.

[27] Chen Z, Wakabayashi M, Takeuchi N. A comparative study of organizational context factors for managerial career progress: Focusing on Chinese state-owned, Sino-foreign joint venture and Japanese corporations. International Journal of Human Resource Management, 2004, 15 (4): 750-774.

[28] Child J. Organizational structure, environment and performance: The role of strategic choice. Sociology, 1972, 6 (1): 1-22.

[29] Chow I H, Huang J C, Liu A S. Strategic HRM in China: Configurations and competitive advantage. Human Resource Management, 2008, 47 (4): 687-706.

［30］Coff R W, Kryscynski D G. Drilling for micro-foundations of human capital-based competitive advantages. Journal of Management, 2011, 37 (5): 1429-1443.

［31］Coff R, Raffiee J. Towards a theory of perceived firm-specific human capital. Academy of Management Perspectives, 2015, 29 (3): 326-341.

［32］Colbert B A. The complex resource-based view: Implications for theory and practice in strategic human resource management. Academy of Management Review, 2004, 29 (3): 341-358.

［33］Combs J, Liu Y, Hall A, et al. How much do high-performance work practices matter? A meta-analysis of their effects on organizational performance. Personnel Psychology, 2006 (59): 501-528.

［34］Cooke F L. Manpower restructuring in the state-owned railway industry of China: The role of the state in human resource strategy. International Journal of Human Resource Management, 2000, 11 (5): 904-924.

［35］Covin J G, Slevin D P. Strategic management of small firms in hostile and benign environments. Strategic Management Journal, 1989, 10 (1): 75-87.

［36］Cunningham L X, Rowley C. Human resource management in Chinese small and medium enterprises: A review and research agenda. Personnel Review, 2007, 36 (3): 415-439.

［37］Datta D K, Guthrie J P, Wright P M. Human resource management and labor productivity: Does industry matter? Academy of Management Journal, 2005, 48 (1): 135-145.

［38］Dawes J. The relationship between subjective and objective company performance measures in market orientation research: Further empirical evidence. Marketing Bulletin, 1999 (10): 65-75.

［39］Delaney J T, Huselid M A. The impact of human resource management practices on perceptions of organizational performance. Academy of Management Journal, 1996, 39 (4): 949-969.

［40］Delery J E, Doty H D. Modes of theorizing in strategic human resource management: Tests of universalistic, contingency, and configurational performance predictions. Academy of Management Journal, 1996, 39 (5): 802-835.

[41] Delery J E, Shaw J D. The strategic management of people in work organizations: Review, synthesis and extension. Research in Personnel and Human Resource Management, 2001 (20): 165-197.

[42] Delery J E. Issues of fit in strategic human resource management: Implications for research. Human Resource Management Review, 1998, 8 (3): 289-310.

[43] Deshpande R, Farley J U. Market-focused organizational transformation in China. Journal of Global Marketing, 2000, 14 (1/2): 7-35.

[44] Dess G G, Beard D W. Dimensions of organizational task environments. Administrative Science Quarterly, 1984, 29 (1): 52-73.

[45] Dess G G, Robinson R B Jr. Measuring organizational performance in the absence of objective measures: The case of the privately-held firm and conglomerate business unit. Strategic Management Journal, 1984, 5 (3): 265-273.

[46] Dickson P H, Weaver K M, Hoy F. Opportunism in the R&D alliances of SMEs: The roles of the institutional environment and SME size. Journal of Business Venturing, 2006, 21 (4): 487-513.

[47] Ding D Z, Akhtar S. The organizational choice of human resource management practices: A study of Chinese enterprises in three cities in the PRC. International Journal of Human Resource Management, 2001, 12 (6): 946-964.

[48] Ding D Z, Ge G, Warner M. Evolution of organizational governance and human resource management in China's township and village enterprises. Internal Journal of Human Resource Management, 2004, 15 (4): 836-852.

[49] Ding D Z, Goodall K, Warner, M. The end of the "Mron rice-bowl": Whither Chinese human resource management? International Journal of Human Resource Management, 2000, 11 (2): 217-236.

[50] Ding D Z, Lan G, Warner M. A new form of Chinese human resource management? Personnel and labour-management relations in Chinese township and

village enterprises: A case-study approach. Industrial Relations Journal, 2001, 32 (4): 328-343.

[51] Ding D Z, Warner M. Re-inventing China's industrial relations at enterprise-level: An empirical field-study in four major cities. Industrial Relations Journal, 1999, 30 (3): 243-260.

[52] Duncan R B. Characteristics of organizational environments and perceived environmental uncertainty. Administrative Science Quarterly, 1972, 17 (3): 313-327.

[53] Dyer L, Reeves T. Human resource strategies and firm performance: What do we know and where do we need to go? The International Journal of Human Resource Management, 1995, 6 (3): 656-670.

[54] Easterby-Smith M, Malina D, Lu Y. How culture-sensitive is HRM? A comparative analysis of practice in Chinese and UK companies. International Journal of Human Resource Management, 1995, 6 (1): 31-59.

[55] Evans W R, Davis W D. High-performance work systems and organizational performance: The mediating role of internal social structure. Journal of Management, 2005, 31 (5): 758-775.

[56] Ferris G R, Hochwarter W A, Buckley M R, et al. Human resources management: Some new directions. Journal of Management, 1999, 25 (3): 385-415.

[57] Fisher C D, Shaw J B. Eslablishment level correlates of human resource practices. Asia Pacific Journal of Human Resource Management, 1990 (2): 30-45.

[58] Frear K A, Cao Y, Zhao W. CEO Background and the adoption of western-style human resource Practices in China. The International Journal of Human Resource Management, 2012, 23 (19): 4009-4024.

[59] Galbraith J R. Strategy and organization planning. Human Resource Management, 1983 (22): 63-77.

[60] Gao Su-ying, Zhao Shu-ming, Geng Chun-jie. An empirical study on strategic international human resource management and corporate performance. In

the 5th International Symposium of Corporate Governance, 2009.

[61] Gerhart B, Wright P M, McMahan G C, et al. Measurement error in research on human resources and firm performance: How much error is there and how does it influence effect size estimates? Personnel Psychology, 2000, 53 (4): 803-834.

[62] Guthrie J P. High-involvement work practices, turnovers, and productivity: Evidence from New Zealand. Academy of Management Journal, 2001, 44 (1): 180-190.

[63] Hambrick D C, Snow C C. Strategic reward systems. In Snow C C (Eds). Strategy, organization design, and human resource management. Greenwich, CT: JAI Press, 1987: 68-96.

[64] Hayes R H, Wheelwright S C, Clark K B. Dynamic manufacturing: Creating the learning organization. New York: Free Press, 1988.

[65] Hendry C, Pettigrew A. Changing patterns of human resource management. Personnel Management, 1988, 20 (11): 37-41.

[66] Huselid M A. The impact of environmental volatility on human resource planning and strategic human resource management. Human Resource Planning, 1993, 16 (3): 35-51.

[67] Huselid M A. The impact of human resource management practices on turnover, productivity and corporate financial performance. Academy of Management Journal, 1995, 38 (3): 635-672.

[68] Ichniowski C, Shaw K, Prennushi G. The effects of human resource management practices on productivity: A study of steel finishing lines. American Economic Review, 1997, 87 (3): 291-313.

[69] Jackson S E, Schuler R S, Rivero J C. Organizational characteristics as predictors of personnel practices. Personnel Psychology, 1989, 42 (4): 727-786.

[70] Jackson S E, Schuler R S. Understanding human resource management in the context of organizations and their environments. Annual Review of Psycholo-

gy，1995，46（1）：237–264.

[71] Jacobs R L, Washington C. Employee development and organizational performance: A review of literature and directions for future research. Human Resource Development International, 2003, 6 (3): 343–354.

[72] Jacobs R. A taxonomy of employee development: Toward an organizational culture of expertise. In Proceedings of the 1997 Academy of Human Resource Development. Baton Rouge, LA: Academy of Human Resource Development, 1997.

[73] Jacobs R. Unstructured versus structured on-the-job training. In Phillips J (Eds). Measuring Return on Investment, Vol. 1. Alexandria, VA: American Society for Training and Development, 1996: 123–132.

[74] Kaiser H F, Little jiffy, Mark I V. Educational and psychological measurement, 1974 (34): 111–117.

[75] Kamoche K. Understanding human resource management. Philadelphia PA: Open University Press, 2001.

[76] Kane B, Palmer I. Strategic HRM or managing the employment relationship? International Journal of Manpower, 1995, 16 (5/6): 6–21.

[77] Kepes S, Delery J E. Designing effective HRM systems: The issue of HRM strategy. In Burke R J, Cooper C L (Eds). The human resources revolution: Why putting people first matters. Elsevier, 2006: 55–76.

[78] Kerr A, McDougall M. The small business of developing people. International Small Business Journal, 1999, 17 (2): 65–74.

[79] Khilji S E, Wang X. "Intended" and "implemented" HRM: The missing linchpin in strategic human resource management research. International Journal of Human Resource Management, 2006, 17 (7): 1171–1189.

[80] King S W, Solomon G T, Fernald L W Jr. Issues in growing a family business: A strategic human resource model. Journal of Small Business Management, 2001, 39 (1): 3–13.

[81] Koch M J, McGrath R G. Improving labor productivity: Human re-

source management policies do matter. Strategic Management Journal, 1996, 17 (5): 335-354.

[82] Kochan T A, Chalykoff J. Human resource management and business life cycles: Some preliminary propositions. In the Conference on Human Resources and Industrial Relations in High Technology Firms. Los Angeles, 1985 (3).

[83] Kochan T A, McKersie R B, Cappelli P. Strategic choice and industrial relations theory. Industrial Relations: A Journal of Economy and Society, 1984, 23 (1): 16-39.

[84] Lado A, Wilson M. Human resource system and sustained competitive advantage: Competency -based perspective. Academy of Management Review, 1994, 19 (4): 699-727.

[85] Law K S, Tse D K, Zhou N. Does human resource management matter in a transitional economy? China as an example. Journal of International Business Studies, 2003 (34): 255-265.

[86] Lawler E E. The ultimate advantage: Creating the high-involvement organization. San Francisco: Jossey-Bass, Inc, 1992.

[87] Lee M B, Johnson N B. Business environment, high-involvement management, and firm performance in Korea. Advances in Industrial and Labor Relations, 1998 (8): 67-87.

[88] Lepak D P, Liao H, Chung Y, et al. A conceptual review of human resource management systems in strategic human resource management research. Research in Personnel and Human Resource Management, 2006 (25): 217-271.

[89] Lepak D P, Snell S A. Examining the human resource architecture: The relationships among human capital, employment, and human resource configurations. Journal of Management, 2002, 28 (4): 517-543.

[90] Lepak D P, Takeuchi R, Snell S A. Employment flexibility and firm performance: Examining the interaction effects of employment mode, environmental dynamism, and technological intensity. Journal of Management, 2003, 29 (5): 681-703.

［91］Lepak D, Snell S A. The human resource architecture: Toward a theory of human capital allocation development. Academy of Management Review, 1999, 24（1）: 31-48.

［92］Leventhal G S, Karuza J Jr, Fry W R. Beyond fairness: A theory of allocation preferences. In Mikula G（Eds）, Justice and social interaction: New York: Springer-Verlag, 1980: 167-217.

［93］Lewin D, Yang J Z. HRM policies and practices of U.S. and Japanese firms operating in the U.S. In Burton J F Jr.（Eds）. Proceedings of the 44 Annual Meeting of the Industrial Relations Research Association. New Orleans: IRRA, 1992, 344-351.

［94］Liu Y, Combs J G, Ketchen D J Jr, et al. The value of human resource management for organizational performance. Business Horizons, 2007, 50（6）: 503-511.

［95］Lu Y. Management decision-making in Chinese enterprises. London: Macmillan, 1996.

［96］MacDuffie J P. Human resource bundles and manufacturing performance: Organizational logic and flexible productions systems in the world auto industry. Industrial and Labor Relations Review, 1995, 48（2）: 197-221.

［97］Martell K, Carroll S J. Which executive human resource management practices for the top management team are associated with higher firm performance? Human Resource Management, 1995, 34（4）: 497-512.

［98］McCann J E, Leon-Guerrero A Y, Haley J D Jr. Strategic goals and practices of innovative family businesses. Journal of Small Business Management, 2001, 39（1）: 50-59.

［99］Miles R E, Snow C C. Designing strategic human resource systems. Organizational Dynamics, 1984, 13（1）: 36-52.

［100］Miller D, Lee J. The people make the process: Commitment to employees, decision making, and performance. Journal of Management, 2001, 27（2）: 163-189.

[101] Miller D. Configurations of strategy and structure: Towards a synthesis. Strategic Management Journal, 1986, 7 (3): 233-249.

[102] Milliken F J. Three types of perceived uncertainty about the environment: State, effect, and response uncertainty. Academy of Management Review, 1987, 12 (1): 133-143.

[103] Mohr L B. The concept of organizational goal. The American Political Science Review, 1973, 67 (2): 470-481.

[104] Ng Y C, Noel Y M. Training and enterprise performance in transition: Evidence from China. International Journal of Human Resource Management, 2004, 15 (4): 878-894.

[105] Ngo H Y, Lau C M, Foley S. Strategic human resource management, firm performance, and employee relations climate in China. Human Resource Management, 2008, 47 (1): 73-90.

[106] Ordiz M, Fernández E. Influence of the sector and the environment on human resource practices' effectiveness. International Journal of Human Resource Management, 2005, 16 (8): 1349-1373.

[107] Osterman P. How common is workplace transformation and who adopts it? Industrial and Labor Relations Review, 1994, 47 (2): 173-188.

[108] Ostroff C, Bowen D E. Moving HR to a higher level: HR practices and organizational effectiveness. In Klein K J, Kozlowski S W J (Eds). Multilevel theory, research, and methods in organizations. San Francisco: Jossey–Bass, 2000: 211-256.

[109] Ostroff C. Human resource management and firm performance: Practices, systems, and contingencies. Working Paper, Arizona State University, 2000.

[110] Panayotopoulou L, Bourantas D, Papalexandris N. Strategic human resource management and its effects on firm performance: An implementation of the competing values framework. International Journal of Human Resource Management, 2003, 14 (4): 680-699.

[111] Pearce J A, Robbins D K, Robinson R B Jr. The impact of grand

strategy and planning formality on financial performance. Strategic Management Journal, 1987, 8 (2): 125-134.

[112] Pfeffer J, Veiga J F. Putting people first for organizational success. Academy of Management Executive, 1999, 13 (2): 37-48.

[113] Ryu S, Kim S. Environment, HR involvement, HR system, HR effectiveness and firms' performance. Korean Journal of Management, 2007, 15(1): 1-43.

[114] Schuler R S, Jackson S E. Strategic human resource management. London: Blackwell, 2007.

[115] Schuler R S. Strategic human resources management: Linking the people with the strategic needs of the business. Organizational Dynamics, 1992 (21): 18-32.

[116] Schuler R S. The internationalization of human resource management. Journal of International Management, 2000, 6 (3): 239-260.

[117] Selvarajan T T, Ramamoorthy N, Flood P C, et al. The role of human capital philosophy in promoting firm innovativeness and performance: test of a causal model. International Journal of Human Resource Management, 2007, 18 (8): 1456-1470.

[118] Sheppeck M A, Militello J. Strategic HR configurations and organizational performance. Human Resource Management, 2000, 39 (1): 5-16.

[119] Simon H A. On the concept of organizational goal. Administrative Science Quaterly, 1964, 9 (1): 1-22.

[120] Snell S A, Youndt M A, Wright P M. Establishing a framework for research in strategic human resource management: Merging resource theory and organizational learning. In Ferris G (Eds.). Research in personnel and human resource management, 1996 (14): 61-90.

[121] Snell S A. Youndt M. Human resource management and firm performance: Testing a contingency model of executive controls. Journal of Management, 1995, 21 (4): 711-737.

[122] Snell S, Dean J Jr. Integrated manufacturing and human resource management: A human capital perspective. Academy of Management Journal, 1992, 35 (3): 467-504.

[123] Som A. What drives adoption of innovative SHRM practices in Indian organizations? International Journal of Human Resource Management, 2007, 18 (5): 808-828.

[124] Song L J, Zhang X, Wu J B. A Multilevel Analysis of Middle Manager Performance: The Role of CEO and Top Manager Leadership CEO. Management and Organization Review, 2014, 10 (2): 275-297.

[125] Subramony M. A meta-analytic investigation of the relationship between HRM bundles and firm performance. Human Resource Management, 2009, 48 (5): 745-768.

[126] Tan J J, Litschert R J. Environment-strategy relationship and its performance implications: An empirical study of the Chinese electronics industry. Strategic Management Journal, 1994, 15 (1): 1-20.

[127] Tansky J A. An effective employee development discussion: The causes and consequences. Unpublished doctoral dissertation, The Ohio State University, Columbus, OH, 1991.

[128] Tansky J W, Cohen D T. The relationship between organizational support, employee development, and organizational commitment: An empirical study. Human Resource Development Quarterly, 2001, 12 (3): 285-300.

[129] Tung R L. Dimensions of Organizational environments: An exploratory study of their impact on organization structure. Academy of Management Journal, 1979, 22 (4): 672-693.

[130] Ulrich D. Human resource champions: The next agenda for adding value and delivering results. Boston: Harvard Business School Press, 1997.

[131] Ulrich D. Measuring human resources: An overview of practice and a prescription for results. Human Resource Management, 1997, 36 (3): 303-320.

[132] Unsworth K L, Dmitrieva A, Adriasola E. Changing behavior: In-

creasing the effectiveness of workplace interventions in creating pro-environmental behavior change. Journal of Organizational Behaviour, 2013, 34 (2): 211-229.

［133］Upton D M. What really makes factories flexible? Harvard Business Review, 1995, 73 (4): 74-81.

［134］Vancouver J B, Schmitt N W. An exploratory examination of person-organization fit: Organizational goal congruence. Personnel Psychology, 1991, 44 (2): 333-352.

［135］Walsh J, Zhu Y. Local complexities and global uncertainties: A study of foreign ownership and human resource management in China. International Journal of Human Resource Management, 2007, 18 (2): 249-267.

［136］Wang L O, Farh J, Luo J. Human resource practices and firm performance in Chinese enterprise. Academy of Management Proceedings, 1999, IM: E1-E6.

［137］Wang X, Bruning N S, Peng S. Western high-performance HR practices in China: A comparison among public-owned, private and foreign-invested enterprises. International Journal of Human Resource Management, 2007, 18 (4): 684-701.

［138］Wang Xiaoyun, Bruning N S, Peng S. Western high-performance HR practices in China: A comparison among public-owned, private and foreign-invested enterprises. International Journal of Human Resource Management, 2007, 18 (4): 684-701.

［139］Wang Z M, Mobley W. Strategic human resource management for twenty-first-century China. Research in Personnel and Human Resources Management, 1999 (17): 353-366.

［140］Wang Z M. Culture, Economic Reform, and the Role of Industrial and Organizational Psychology in China. In Triandis H C, Dunnette M D, Hough L M (Eds.). Handbook of Industrial and Organizational Psychology. Palo Alto, CA: Consulting Psychologists Press, 1994 (4): 689-725.

［141］Wang Z M. Human resource management in China: Recent trends. In

Pieper R（Eds）. Human Resource Management: An International Comparison. Berlin: De Gruyter, 1990: 195-210.

[142] Warner M, Goodall K, Ding D Z. The "myth" of human resource management in Chinese enterprises. In Warner M（Eds）. China's managerial revolution. Portland, OR: Frank Cass, 1999: 223-237.

[143] Warner M, Zhu Y. Human resource management "with Chinese characteristics": A comparative study of the People's Republic of China and Taiwan. Asia Pacific Business Review, 2002, 9（2）: 21-42.

[144] Warner M. Economic reforms, industrial relations and human resources in the People's Republic of China: An overview. Industrial Relations Journal, 1996, 27（3）: 195-210.

[145] Warner M. Human resource management "with Chinese characteristics". International Journal of Human Resource Management, 1993, 4（1）: 45-65.

[146] Warner M. Human resources and management in China's "Hi-tech" revolution: A study of selected computer hardware, software and related firms in the PRC. International Journal of Human Resource Management, 1999, 10（1）: 1-20.

[147] Wei L, Lau C. Market orientation, HRM importance and competency: Determinants of strategic HRM in Chinese firms. International Journal of Human Resource Management, 2005, 16（10）: 1901-1918.

[148] Whitener E M. Do "high commitment" human resource practices affect employee commitment? A cross-level analysis using hierarchical linear modeling. Journal of Management, 2001, 27（5）: 515-535.

[149] Wood S, de Menezes L. High commitment management in the UK: Evidence from the workplace industrial relations survey and employers' manpower and skills practices survey. Human Relations, 1998, 51（4）: 485-517.

[150] Wright P M, Boswell W R. Desegregating HRM: A review and synthesis of micro and macro human resource management research. Journal of Management, 2002, 28（3）: 247-276.

［151］ Wright P M, Dunford B B, Snell S A. Human resources and the resource based view of the firm. Journal of Management, 2001, 27 (6): 701-721.

［152］ Wright P M, Gardner T M, Moynihan L, et al. The relationship between HR practices and firm performance: Examining causal order. Personnel Psychology, 2005 (58): 409-446.

［153］ Wright P M, McCormick B, Sherman S, et al. The role of human resource practices in petro-chemical refinery performance. In 1996 Academy of Management meeting. Cincinnati, OH, 1996.

［154］ Wright P M, McMahan G C, McWilliams A. Human resources and sustained competitive advantage: A resource.-based perspective. International Journal of Human Resource Management, 1994, 5 (2): 301-326.

［155］ Wright P M, Sherman S. The failure to find fit in strategic human resource management: Theoretical and empirical considerations research in personnel and human resources management. Greenwich, CT: JAI Press, 1999.

［156］ Wright P M, Coff R, Moliterno T P. Strategic human capital crossing the great divide. Journal of Management, 2014, 40 (2): 353-370.

［157］ Yin R. Case study research design and methods (3rd edition). Carifornia: Thousand Oaks, 2003.

［158］ Youndt M A, Snell S A, Dean J W Jr, et al. Human resource management, manufacturing strategy, and firm performance. Academy of Management Journal, 1996, 39 (4): 836-866.

［159］ Zacharatos A, Barling J, Iverson R D. High-performance work systems and occupational safety. Journal of Applied Psychology, 2005, 90 (1): 77-93.

［160］ Zerbe W J, Dobni D, Harel G H. Promoting employee service behavior: The role of perceptions of human resource practices and service culture. Canadian Journal of Administrative Sciences, 1998, 15 (2): 165-179.

［161］ Zhao S. Human resource management in China. Asia Pacific Journal of Human Resources, 1994, 32 (2): 3-12.

［162］ Zheng C, Morrison M, O'Neill G. An empirical study of high performance HRM practices in Chinese SMEs. International Journal of Human Resource Management, 2006, 17 (10): 1772-1803.

[163] Zheng C, O'Neill G, Morrison M. Enhancing Chinese SME performance through innovative HR practices. Personnel Review, 2009, 38 (2): 175-194.

[164] Zheng C, O'Neill G, Morrison M. Enhancing Chinese SME performance through innovative HR practices. Personnel Review, 2009, 38 (2): 175-194.

[165] Zhou Y, Liu X, Hong Y. When Western HRM Constructs Meet Chinese Contexts: Validating the pluralistic structures of human resource management systems in China. The International Journal of Human Resource Management, 2012, 23 (19): 3983-4008.

[166] Zhu C J H, Dowling P J. The Impact of the economic system upon human resource management practices in China. Human Resource Planning, 1994, 17 (4): 1-21.

[167] Zhu C J H. Human resource management in China. In Nankervis A, Samir C, Coffey J (Eds). Perspectives of human resource management in the Asia pacific. Sydney: Pearson Education, 2006: 12-40.

[168] Zhu C J H. Major emerging issues in human resource management. In Lane K, Luo Y (Eds). China 2000: Emerging Business Issues. London: Sage, 1999: 333-363.

[169] Zhu C J, Cooper B, De Cieri H, Dowling P J. A problematic transition to a strategic role: Human resource management in industrial enterprises in China. International Journal of Human Resource Management, 2005, 16 (4): 513-541.

[170] Zhu C J, Dowling P J. Staffing practices in transition: Some empirical evidence from China. International Journal of Human Resource Management, 2002, 13 (4): 569-597.

[171] Zhu Y, Warner M. Changing patterns of human resource management

in contemporary China：WTO accession and enterprise responses. Industrial Relations Journal，2004，35（4）：311-328.

［172］艾尔·巴比. 社会研究方法基础（第4版）. 邱泽奇编译. 北京：华夏出版社，2010.

［173］曹晓峰. 人力资源整合是提升企业核心竞争力的关键途径. 管理世界，2003（4）：139-140.

［174］程德俊，赵曙明. 高参与工作系统与企业绩效：人力资本专用性和环境动态性的影响. 管理世界，2006（3）：86-93.

［175］杜强，贾丽艳. SPSS统计分析从入门到精通. 北京：人民邮电出版社，2009.

［176］范秀成，英格玛·比约克曼. 外商投资企业人力资源管理与绩效关系研究. 管理科学学报，2003，6（2）：54-60.

［177］高山行，谢言，王玉玺. 企业R&D能力、外部环境不确定性对合作创新模式选择的实证研究. 科学学研究，2009，27（6）：932-940.

［178］高素英，赵曙明，张艳丽. 人力资源管理实践与企业绩效关联机制研究. 第四届（2009）中国管理年会，组织行为与人力资源管理分会场论文集，2009.

［179］高素英，赵曙明，王雅洁. 人力资本与区域经济增长动态相关性研究. 经济与管理研究，2010（1）：84-90.

［180］高素英，赵曙明，张艳丽. 战略人力资本与企业竞争优势关系研究. 第五届（2010）中国管理年会，组织行为与人力资源管理分会场论文集，2010.

［181］高素英. 人力资本与经济可持续发展. 北京：中国经济出版社，2009.

［182］侯杰泰，温忠麟，成子娟. 结构方程模型及其应用. 北京：教育科学出版社，2004.

［183］黄芳铭. 结构方程模式理论与应用. 北京：中国税务出版社，2005.

［184］黄紫菲. 内容分析与知识发现的比较研究. 情报理论与实践，2006，29（5）：524-527.

[185] 姜永志，张海钟. 老乡观念的结构及问卷编制. 心理研究，2010，3（4）：63-69.

[186] 蒋春燕，赵曙明. 企业特征、人力资源管理与绩效：香港企业的实证研究. 管理评论，2004，16（10）：22-31.

[187] 李怀祖. 管理研究方法论（第2版）. 西安：西安交通大学出版社，2009.

[188] 李龙振，刘国山. 在华韩资企业战略性人力资源管理的实证研究. 中国管理科学，2010，18（2）：172-180.

[189] 李鑫，孙清华. 战略人力资源管理对员工留职意愿的影响——基于151家企业问卷调查的实证研究. 科学学与科学技术管理，2010(3)：185-189.

[190] 刘善仕，刘辉健. 投资型人力资源管理系统与企业绩效的关系研究. 管理工程学报，2008，22（4）：8-18.

[191] 刘善仕，巫郁华. 电信运营企业人力资源管理系统与组织绩效关系研究. 管理学报，2008，5（1）：101-109.

[192] 刘善仕，周巧笑，黄同圳等. 企业战略、人力资源管理系统与企业绩效的关系研究. 中国管理科学，2008，16（3）：181-192.

[193] 刘善仕，周巧笑，晁罡. 高绩效工作系统与组织绩效：中国连锁行业的实证研究. 中国管理科学，2005，13（1）：141-148.

[194] 罗伯特·K. 殷. 案例研究设计与方法（第三版）. 周海涛主译，李永贤、张蘅参译. 重庆：重庆大学出版社，2007.

[195] 罗海滨，刘善仕，王红春等. 内控导向人力资源管理实践与组织绩效研究. 管理学报，2015，12（8）：1124-1134.

[196] 罗胜强，姜嬿. 调节变量和中介变量. 陈晓平，徐淑英，樊景立主编. 组织与管理研究的实证方法. 北京：北京大学出版社，2008.

[197] 吕鸿江，刘洪. 转型背景下组织复杂性与组织效能关系研究. 管理科学学报，2010，13（7）：26-41.

[198] 苗仁涛，周文霞，刘丽等. 高绩效工作系统有助于员工建言？一个被中介的调节作用模型. 南开管理评论，2015，27（7）：105-115.

[199] 彭剑锋. 人力资源管理概论. 上海：复旦大学出版社，2008.

[200] 秦晓蕾，杨东涛，魏江茹. 制造企业创新战略、员工培训与企业绩效关系实证研究. 管理学报，2007，4（3）：354-357.

[201] 苏方国，赵曙明. 系统化人力资源实践与企业竞争优势. 外国经济与管理，2003，25（2）：7-11.

[202] 苏中兴. 中国情境下人力资源管理与企业绩效的中介机制研究——激励员工的角色外行为还是规范员工的角色内行为？管理评论，2010，22（8）：76-83.

[203] 苏中兴. 转型期中国企业的高绩效人力资源管理系统：一个本土化的实证研究. 南开管理评论，2010，13（4）：99-108.

[204] 孙怀平，杨东涛，王洁心. 基于生命周期的领导风格对人力资源管理实践影响研究. 科学学与科学技术管理，2007（3）：166-169.

[205] 孙健敏，张明睿. 所有制对高绩效工作系统与员工满意度关系的调节作用. 经济理论与经济管理，2009（10）：5-13.

[206] 王伟毅，李乾文. 环境不确定性与创业活动关系研究综述. 外国经济与管理，2007，29（3）：53-58.

[207] 温忠麟，侯杰泰，张雷. 调节效应与中介效应的比较和应用. 心理学报，2005，37（2）：268-274.

[208] 文东华，潘飞，陈世敏. 环境不确定性、二元管理控制系统与企业业绩实证研究. 管理世界，2009（10）：102-114.

[209] 吴明隆. 结构方程模型——AMOS 的操作与应用. 重庆：重庆大学出版社，2009.

[210] 吴明隆. 问卷统计分析实务——SPSS 操作与应用. 重庆：重庆大学出版社，2010.

[211] 徐国华，杨东涛. 制造企业的支持性人力资源实践、柔性战略与公司绩效. 管理世界，2005（5）：111-116+169.

[212] 许小东，孟晓斌. 战略人力资源管理转型的实践范式. 科学学与科学技术管理，2004（9）：102-105.

[213] 颜士梅. 内容分析方法及在人力资源管理研究中的运用. 软科学，2008，22（9）：133-139.

[214] 颜士梅. 战略人力资源管理. 北京：经济管理出版社，2003.

[215] 杨东涛，曹国年. 人力资源管理实践对组织绩效影响的实证研究. 南开大学商学评论，2006（4）：25-41.

[216] 易遵尧，张进辅，曾维希. 大学生性道德价值观的结构及问卷编制. 心理发展与教育，2007（4）：101-107.

[217] 张弘，赵曙明. 人力资源管理实践与企业绩效——沪深两市生产制造型企业的实证研究. 预测，2006，25（4）：21-25.

[218] 张小兵. 人力资源管理系统与组织绩效关系研究评述与展望. 软科学，2009，23（3）：106-110.

[219] 张一弛，李书玲. 高绩效人力资源管理与企业绩效：战略实施能力的中介作用. 管理世界，2008（4）：107-114.

[220] 张一弛. 我国企业人力资源管理模式与所有制类型之间的关系研究. 中国工业经济，2004（9）：87-94.

[221] 张运婷，刘苹. 企业人力资本投资形式差异的实证分析. 中南财经政法大学学报，2009（5）：90-95.

[222] 张正堂，张伶，刘宁. HRM 系统、竞争战略与企业绩效关系的实证研究. 管理科学学报，2008，11（2）：132-144.

[223] 张正堂，李瑞. 企业高绩效工作系统的内容结构与测量. 管理世界，2015（5）：100-116.

[224] 赵曙明，覃友茂. 试论国有企业发展与人力资本投资的关系. 中国工业经济，1998（1）：52-56.

[225] 赵曙明，吴慈生，徐军. 复杂环境下战略人力资源管理的选择原理和方法. 预测，2002，21（5）：11-15.

[226] 赵曙明. 中国人力资源管理的转变历程与展望. 人力资源管理，2009（10）：22-25.

[227] 赵曙明. 中国人力资源管理三十年的转变历程与展望. 南京社会科学，2009（1）：7-11.

[228] 郑伯埙，黄敏萍. 实地研究中的案例研究. 陈晓平，徐淑英，樊景立主编. 组织与管理研究的实证方法. 北京：北京大学出版社，2008.